KABALOS MOKSLAS

Michael Laitman

DVASIA IR KŪNAS

kabbalah.info/lt
info@kabala.lt

© Laitman Kabbalah Publishers 2023
ISBN: 978-1-77228-157-6

ĮŽANGA

Nuo seno žmogus ieškojo atsakymų į pagrindinius būties klausimus: kas aš, koks mano gyvenimo tikslas, dėl ko egzistuoja pasaulis, ar mes po mirties ir toliau egzistuojame ir t. t. Prie kasdienių žmogaus išbandymų ir kančių prisideda globalinis klausimas apie gyvenimo tikslą, prasmę – o dėl ko aš apskritai kenčiu?

Kadangi atsakymų į iškeltus klausimus nėra, ieškoma toliau. Senoviniai tikėjimai, dabar madingi rytietiški mokymai – šių paieškų dalis. Žmonija nuolatos ieško, kaip logiškai pagrįsti savo egzistenciją. Žmogus daugelį tūkstantmečių tiria gamtos dėsnius.

Šiuolaikiniai mokslininkai pastebi, kad kuo labiau gilinasi į mokslinius tyrimus, tuo miglotesnis ir painesnis tampa pasaulio vaizdas, o atsakymai į klausimus, koks šio pasaulio, žmonijos egzistavimo tikslas, taip ir nerasti.

Kabalos mokslas siūlo savąjį pasaulio tyrimo metodą. Jo esmė – išugdyti žmogaus gebėjimą pajusti paslėptą nuo mūsų pasaulių sistemos dalį. Žodis „kabala" reiškia „gavimą" ir nusako žmogaus siekį gauti aukščiausias žinias, išvysti tikrąjį pasaulio vaizdą.

Kūrėjo veiksmai

Pagrindinis tikslas tyrinėjant kūriniją – Kūrėjo veiksmų analizė tam, kad išmoktume elgtis, kaip elgiasi Jis, kad sugebėtume atkartoti Jo veiksmus.

Kūrėjo veiksmai vadinami „valdymu" arba „kūrinio prigimtimi". Mokslininkai irgi tyrinėja Kūrėjo veiksmus (vadindami tai gamta, gamtos dėsniais) turėdami tą patį tikslą – kažko išmokti, kad sugebėtų mėgdžioti „išmintingąją" gamtą.

Visa, ką mes darome savo gyvenime, – tai gamtos mėgdžiojimas. Visi žmogaus rankų ar minčių kūriniai: technologija, muzika, tapyba – viskas atkartoja gamtą.

Net pati audringiausia fantazija – mūsų prigimties pasekmė. Niekur nepabėgsime iš gamtos nelaisvės. Mes galime vystyti vien tai, kas jau yra mumyse.

Nieko naujo sukurti negalime. Viskas, ką darome, – tai tolesni Kūrėjo veiksmai, kuriuos Jis vykdo per mus. Ir tik mums atrodo, kad atliekame juos patys. Taip mes sukurti: vykdydami viską pagal gamtos nurodymus, esame įsitikinę, kad pildome savuosius norus.

Iš tiesų tai irgi Kūrėjo veiksmai, Jo sumanyta mūsų vystymosi programa. O visi mūsų „atradimai" yra to, kas jau egzistuoja, atskleidimas.

Mūsų fiziologinis kūnas panašus į visus kitus mūsų pasaulio kūnus ir pats savaime (kaip gyvūno kūnas) neturi jokių dvasinių savybių.

Kūnai mūsų pasaulyje nesiskiria vienas nuo kito jokiomis dvasinėmis savybėmis, o tik keičia vienas kitą gyvenimas po gyvenimo.

Jeigu nėra kokybinio dvasinio skirtumo, kad ir kaip skirtųsi mūsų fiziologiniai kūnai, visi jie dvasinės erdvės atžvilgiu laikomi vienu kūnu. Juk skirtingumas dvasiniame pasaulyje – tai skirtingos savybės, nes dvasinėje erdvėje išorinių materialių apvalkalų nėra.

Todėl žvelgdamas į mūsų pasaulį kabalistas atranda po vieną kiekvienos rūšies atstovą. Bet kai sprendžia apie gamtą iš tikrųjų dvasinių savybių, jo rega, išskirianti tik dvasines savybes, neranda mūsų pasaulyje nieko, išskyrus tuštumą.

Fiziologinės kūnų savybės vienodos. Ir jeigu, sakykim, vienas iš jų kažkuo serga, tai medikas žiūri į tokį kūną kaip ir į kitų žmonių kūnus, sergančius ta pačia liga.

Kitaip tariant, mūsų kūnai panašūs. Tuo tarpu dvasiniame pasaulyje – vienas kūnas savo savybėmis visiškai nepanašus į kitą.

Visi šie samprotavimai, žinoma, teisingi ir kalbant apie mūsų pasaulio objektus: visi negyvi kūnai – kaip vienas kūnas, visi augalai – kaip vienas augalas, visi gyvūnai – kaip vienas gyvūnas.

Yra tik viena dvasinė erdvė, apibūdinama kaip savybių („arčiau-toliau" nuo Kūrėjo) erdvė. O kad joje egzistuoja materialūs kūnai (negyvi, augalai, gyvūnai), – neturi reikšmės, nes skirtumus tarp kūnų šioje erdvėje nulemia tik dvasinių savybių skirtumai.

Jeigu kūnai nesiskiria vienas nuo kito šiomis savybėmis, tai jie susilieja į vieną. Pagal tą patį vienintelį panašumo dėsnį – tas, kuris įgyja Kūrėjo savybes, susilieja su Juo.

Dvasinėje erdvėje yra visa kūrinija. Ši dvasinė erdvė atsirado dėl to, kad Kūrėjas paslėpė Save ir atsiskleidžia žmogui tik tiek, kiek šis panašus į Jį. Kitaip tariant, egzistuoja tik Jis ir mes.

Ir kuo labiau mūsų savybės panašios į Jo, tuo aiškiau Jį jaučiame. Šis vidinis Kūrėjo jautimo kitimas iš aiškesnio į mažiau aiškų ar iš mažiau aiškaus į aiškesnį vadinamas dvasiniu judėjimu.

Galima sakyti, kad dvasinėje erdvėje egzistuoja Kūrėjo traukos jėga, kuri traukia žmogų prie Kūrėjo tiek, kiek žmogus panašus į Jį, ir taip žmogus juda.

Šis judėjimas nuoseklus, laipsniškas. Žmogus gerina savo savybes palaipsniui: vyksta vidinio įsisąmoninimo procesas, savo savybių įvertinimas kaip blogų, po to dedamos pastangos, kad Kūrėjas padėtų jas tobulinti.

Kūrėjui padedant žmoguje susikuria nauja savybė. O su naujomis savybėmis žmogus automatiškai, veikiant dvasinės erdvės „traukos jėgai", pasikelia į naują, aukštesnę pakopą.

Kuo aukštesnėje pakopoje yra žmogus, tuo labiau jo savybės sutampa su bendromis kūrinijos savybėmis. Panašiai kaip mūsų pasaulyje žmogus, patyręs skirtingų būsenų ir įgavęs patirties, tarsi įgyja daugelio žmonių patyrimą. Dėl to visuma visad aukščiau už atskiras dalis.

Todėl atsidavęs savo tautai žmogus yra aukščiau už miesčionį, o atsidavęs visam pasauliui – aukščiau nei atsidavusysis savo tautai. Ir tai todėl, kad visuma pagimdo ir turi savyje visas detales, ir kuo ji didesnė, tuo daugiau joje sudedamųjų dalių. Todėl yra skirtumas tarp atsidavusiųjų šeimai, miestui, tautai, pasauliui.

Savybių gimimas

Naujos žmogaus savybės gimsta panašiai kaip žmogaus kūnas: iš pradžių atsiranda atitinkamos ląstelės motinos ir tėvo organizme, paskui kartu susilieja.

Ima vystytis naujas organizmas, visiškai savęs neįsisąmoninantis – kaip dar neįsisąmoninta mintis. Po to palaipsniui tas naujas darinys vis labiau ir labiau jaučia save, atsiskiria nuo savo pirminių priežasčių, įgyja savimonę.

Viena susieta su kitu: kiek išsilaisvinama iš gimdytojų valdžios, tiek įgyjama savarankiškumo. Ir atvirkščiai. Gimimas – valdžios pakeitimas.

Dvasinis gimimas yra savo valdžios pakeitimas į Kūrėjo valdžią: žmogus geranoriškai paklūsta Kūrėjo valiai, nori eiti nepaisydamas savo proto, vadovaudamasis aukštesnės dvasinės pakopos išmintimi.

Dvasiniame pasaulyje gimimas toks pats kaip ir kažko naujo gimimas visuose lygmenyse (minčių, gyvūniniame): žmoguje atsiranda dvasiniai norai.

Iki šios akimirkos žmoguje jų nebuvo, nes žmogų valdė jo egoistiniai norai. Naujų dvasinių norų gavimas iš aukščiau, egoistinių norų pakeitimas altruistiniais ir yra dvasinis gimimas.

Tai įvyksta padedant Kūrėjui (dvasinei jėgai, kuri viską pagimdo visuose pasauliuose ir mūsų pasaulyje taip pat). Beje, viskas, kas vyksta mūsų pasaulyje, yra pasekmė to, kas vyksta dvasiniuose pasauliuose, iš ten nusileidžia pas mus. Sakoma: „Nėra tokio žolynėlio apačioje, virš kurio nebūtų jo angelo (dvasinės jėgos), kuris muštų jį ir lieptų jam augti".

Kitaip tariant, gimimas ir tolesnis augimas galimas tik veikiant raginančiai jėgai iš viršaus, o juolab dvasinis gimimas ir augimas, nes šis procesas vyksta prieš mūsų egoistinę prigimtį.

Be stumiančios iš aukščiau dvasinės Kūrėjo jėgos ir mūsų materialiame pasaulyje liautųsi gyvenimas ir judėjimas – juk bet kurie materialūs objektai yra dvasinių jėgų išraiška, pasekmė.

Ir kada atsivers mūsų akys, išvysime aukštesnįjį pasaulį ir atrasime, kad nieko materialaus neegzistuoja. Ir kad visa tai – tik tam tikros dvasinių jėgų veikimo išraiškos, materialiu pavidalu jaučiamos mūsų penkiais jutimo organais.

Mums kylant dvasiškai, suartėjant su Kūrėju, vienas jėgas keičia kitos, aukštesnės, ir taip tol, kol nepamatysime, kad aplinkui mus nėra nieko, išskyrus Kūrėją.

Pirmos dvasinės savybės įgijimas vadinamas dvasiniu gimimu: savo vidiniais pojūčiais žmogus išeina iš mūsų (egoistinio) pasaulio į dvasinį.

Naujos savybės, kuri skiriasi nuo mūsų pasaulio savybių, atsiradimas ištraukia žmogų iš šio pasaulio į pakopą, atitinkančią jo naują savybę. Ir ši pakopa yra žemiausio dvasinio pasaulio (pasaulio *Asija*) pati žemiausia pakopa (*malchut*).

Pirmasis žmogaus pasikeitimas vadinamas gimimu. Po to jis dvasiškai auga – tobulėja, kol visiškai prilygsta Kūrėjui.

Dvasinis gimimas

Pakeisti savybes į altruistines (išsivaduoti iš egoistinių savybių), atverti tobulėjimo pasaulį, įgyti pirmąją dvasinę savybę galima tik tada, kai žmogus geba slopinti savo egoizmą. Savaime suprantama, kad tokių antiegoistinių jėgų žmogus neturi. Nauja dvasinė jėga, padedanti įveikti jo prigimtinius norus, atsiranda iš aukščiau.

Išsivadavimas iš egoizmo („Faraono") vadinamas išėjimu iš Egipto, o naujų altruistinių savybių įgijimas vadinamas įžengimu į Izraelio šalį.

Dvasinis gimimas panašus į žmogaus gimimą šiame pasaulyje: vaisius motinos įsčiose yra pačioje geriausioje savo vystymuisi vietoje – taip pat ir mes, kol negimstame dvasiškai, esame visiškai valdomi ugdančios dvasinės jėgos.

Tačiau kūdikis iki gimdamas yra tamsoje, nesavarankiškas, nesuvokia, nei kur jis, nei kas toks esąs, negali nei pats judėti, nei maitintis. Viskas, ką jis turi, – iš motinos. Tokia ir mūsų būsena iki dvasinio gimimo.

Naujagimis gimsta tada, kai visiškai subręsta įsčiose. Ir jeigu negims, jei nepaliks šios vietos, anksčiau buvusios idealia, žus.

Iš geriausios ji virsta pavojingiausia. Ir jeigu užsibus per ilgai, mirs! Todėl motina pati išstumia vaisių iš savęs.

Žmogus gali įsisąmoninti, kad yra valdomas egoizmo (yra Egipto tremtyje), tik tada, kai jis iš dalies, „iš tolo" jaučia „laisvės dvelksmą", jaučia, kas yra dvasinio pasaulio savybės.

Neįsisąmonintas, po to įsisąmonintas buvimas „Faraono" nelaisvėje yra vienas iš būtinų žmogaus vystymosi „įsčiose" etapų ir vadinamas kabaloje *ibur* (užuomazga).

Jautimasis embrionu yra būtinas prieš gimstant dvasiniame pasaulyje ir suvokiamas kaip nuosavų dvasinių norų atsiradimas.

Tik dvasiškai gimęs žmogus pradeda jausti ir suvokti, ką reiškia būti dvasiniame pasaulyje: savarankiškai kvėpuoti, gauti iš aukštesnės pakopos, prašyti jos, jausti ją kaip suteikusią gyvybę, jausti jos globą.

Toliau žmogus vystosi panašiai kaip naujagimis mūsų pasaulyje: aukščiausioji jėga nuosekliai veda jį dvasinėmis pakopomis, ir kiekviena kita dvasinė pakopa skiriasi nuo ankstesnės tik papildomu, nauju, ištaisytu dvasiniu noru.

Dvasinis žmogaus kelias prasideda įgyjant altruistines jėgas (savybes): žmogus auga nuo *malchut* pasaulio *Asija* iki *malchut* pasaulio *Acilut*, pereidamas 30 *sfirų* pakopas.

Šio proceso esmė ta, kad žmogus nenaudoja savo egoistinių norų, visiškai jų nepaiso.

Kai žmogus savo savybėmis pasiekia *Acilut* pasaulio *malchut*, reiškia, kad jis įgijo visus savo altruistinius norus *(GE)*.

O po to, būdamas *Acilut* pasaulio *malchut* dalimi, jis ima taisyti egoistinius norus: kelia savo *ACHAP* į *Acilut* pasaulį, taip keisdamas egoistinius norus altruistiniais – gauna į juos malonumą dėl Kūrėjo. Tai vyksta nuosekliai per 6000 dalių (pakopų), vadinamų metais.

Gmar tikun

Kai žmogus baigia taisyti šiuos norus, jis pasiekia paskutinę pakopą, išsitaisymo pabaigą – *gmar tikun*.

Kita pakopa vadinama *Mašiach* – Išvaduotojas: iš jos žmogus gauna tokią stiprią šviesą, kad ji padeda jam ištaisyti ir pačią prigimtį, pakeisti savo pirminį egoizmą į altruizmą, pakeisti „akmeninę širdį" – *lev even* į „gyvąją širdį" – *lev basar*.

Po to žmogus pasiekia aukščiausias susiliejimo su Kūrėju pakopas, vadinamas septintuoju, aštuntuoju, devintuoju ir dešimtuoju tūkstantmečiais. Kabalistas Baal Sulamas rašo, kad kai kurios asmenybės suvokia šias pakopas dar gyvendamos šiame pasaulyje.

Knygoje „Zohar", straipsnyje „Hijos vizijos", pasakojama, kaip po išminčiaus Šimono mirties jo mokinys Hija negalėjo suprasti, kodėl jo mokytojas nepasiekė paskutinės pakopos – galutinio išsitaisymo, *gmar tikun*.

Atsakymą randame ten pat: yra asmeninis ir bendras išsitaisymas. Nors teisuoliai pasiekia asmeninio išsitaisymo pabaigą, bet tik bendras visų sielų išsitaisymas pakelia visus į kokybiškai naują, pačią aukščiausią susiliejimo su Kūrėju pakopą.

Gimimas iš tamsos

Kai žmogus įsisąmonina esąs tamsiame, negyvame pasaulyje ir visais savo norais (jėgomis) siekia išeiti iš jo, tada gimsta naujame, dvasiniame pasaulyje panašiai kaip vaisius, kuris išsivystė taip, kad jau nebereikia būti motinos įsčiose.

Bet jeigu „nėštumo" (pojūtis, kad esi Egipte, egoizmo nelaisvėje) pabaigoje gimdymas pirmalaikis, t. y. žmogus dar nesubrendo, neįgijo altruistinių savybių, kad savarankiškai egzistuotų naujajame pasaulyje, laikoma, kad jis gimsta negyvas.

Tokiu atveju žmogus priverstas kovoti su savo egoistiniais norais – karas su Amaleku, vidiniai prieštaravimai, veršio garbinimas, naujo dvasinio pasaulio, vardu Sinajus (iš žodžio „sina" – neapykanta), jautimas.

Žmogus pajutęs, kad yra egoistinėje vergovėje, įsisąmoninęs būtinybę būti valdomas altruistinių jėgų, dar ne visiškai pasirengęs priimti altruistines savybes.

Nors iš aukščiau jam ir duotos altruistinės jėgos, jis pats dar nepasiruošęs jų priimti.

Negyvojo gimimas

„Gimė negyvas" – reiškia nesugebėjo įgyti dvasinių savybių, nors tai buvo jam parengta. Žmogus išsivaduoja iš egoistinių savybių, bet patenka į tamsą.

Dvasinis pasaulis šviečia, bet priešakyje milžiniška kliūtis: Raudonoji jūra, sausa, negyvenama dykuma (Sinajus) – toks atrodo dvasinis pasaulis, kol savybės neištaisytos.

Žmogus lyg ir gauna aukščiausiąją šviesą, bet ne visiškai atsiplėšia nuo savo ankstesniųjų savybių, todėl vėliau sudaužomos sandoros lentelės, sukuriamas aukso veršis ir pan.

Bet nėra netobulų Kūrėjo veiksmų – visa tai yra būtina pakopa, kad geriau susimaišytų altruistinės ir egoistinės savybės, kad vienos prasiskverbtų į kitas ir atsirastų galimybė ištaisyti visą egoizmą.

Kiekvienoje pakopoje turėtų sudužti norai – juk nesudaužius, nesumaišius šių priešingų žmogaus savybių nebus galima ištaisyti. Todėl jos sumaišomos visais lygmenimis.

Gimstama etapais, įvyksta daug neva nesėkmingų procesų. Mus pakelia (dvasinis pasaulis atrodo trokštamas) ir numeta (jaučiame nusivylimą dvasingumu).

Norai susimaišo tam, kad dvasinės savybės patektų į visas materialias daleles, į norą gauti, į egoizmą – taip, kad galima būtų pabaigti taisyti pačius žemiausius (toliausius nuo Kūrėjo) norus. Tik tada pasiekiama visiška, tobula „išsitaisymo pabaiga".

Gimimas

Po savo tikrojo dvasinio gimimo naujagimis įkvepia gaivų dvasinį orą ir pirmąkart atveria sau naujojo pasaulio pojūčius.

O po to jis auga, kaip jau sakėme: pradžioje jaučia tik norus „atiduoti" *(GE)*, o paskui ištaiso ir prijungia prie jų norus „gauti" su ketinimu „dėl Kūrėjo" *(ACHAP)*.

Norai „gauti" taisomi vykdant priesaką „mylėk artimą" – savo egoizmu mylėti ne save, o „artimą".

Yra trys būsenos:

1) „Noras gauti" – kai myli tik save patį.

2) „Nenoras gauti" – nieko nenori sau. Bet dar nesugeba atiduoti nuo savęs kitiems, „nei sau, nei kitiems". Tai

tam tikra išsitaisymo pakopa: žmogus nenori naudotis egoizmu.

3) „Noras atiduoti" – myli kitą, kaip mylėjo save.

Kai žmogus išsivaduoja iš egoistinių norų, minčių apie save, jis nenori nieko. Vėliau, kai jam atsiveria akys ir jis mato Kūrėją, kyla meilė Kūrėjui.

Kaip mūsų pasaulyje naujagimis patenka į mylinčių, ištikimų tėvų rankas, kurie rūpinasi jo saugiu vystymusi, – taip ir kiekvienam dvasiškai gimusiam paruošta tam tikra dvasinė aplinka, vadinama 600 000 juo besirūpinančių sielų, jėgų, kurios savo savybėmis padeda jam išgyventi ir vystytis dvasiniame pasaulyje.

Kildamas žmogus jaučia, kad viskas ištaisyta, išskyrus jį patį.

Praeities paslaptis

Žmogui būdinga visuomet žiūrėti į priekį, jis nori augti, tobulėti, savasis kelias jam atrodo kaip pakilimas „iš apačios į viršų", kita būsena atrodo didesnė, geresnė nei dabartinė.

Jis visada siekia kitos, geresnės už esamą būsenos.

Kadangi žmogus sukurtas siekti ateities, todėl negali jausti būsenų, kurios buvo iki jam gimstant fiziniame pasaulyje.

Jis taip pat negeba pajusti, kaip gimsta jame bet kuris noras, jis neįsivaizduoja, iš kur jame atsiranda tai, kas sudaro jo „aš".

Pakopa, pagimdžiusi žmogų (ankstesnė dvasinė būsena), vadinama „tėvais" – „protėviais", „tėvu ir motina". Ši aukštesnioji pakopa sukuria tam tikras žmogaus savybes.

Bet kaip žmogus gali susisiekti su šia pakopa, iš kurios jis gauna visus savo norus, kur, kitais žodžiais tariant, yra jo ateitis?

Staiga žmogui kyla noras ką nors pasiekti, jis akimirksniu panorsta ką nors gauti, sužinoti, suprasti. Bet ši mintis – tai jo noro pasekmė. Šis iš aukščiau ateinantis noras ir sukelia žmogui mintį, kad būtina atlikti tam tikrą veiksmą, siekiant norimo.

Todėl žmogus panašus į knygą, kurioje trūksta pirmųjų puslapių. O „skaitant save", tiriant save neištaisytomis, „žemiškomis" savybėmis neįmanoma nieko suprasti – ne tik praeities, bet ir ateities, nors žmogui atrodo, jog supranta.

Ateities matymas – iš praeities

Žmonės, įėję į dvasinį pasaulį, pranašesni ne todėl, kad mato ateitį, o todėl, kad mato savo praeitį, todėl, kad jie įgyja galimybę suvokti pirmines priežastis, suprasti, kas verčia juos vystytis, nulemia nūdienos būseną, jų „aš".

Suvokdamas savo dvasinius tėvus, žmogus visiškai įsisąmonina savo dabartinę pakopą, gali žiūrėti į save tarsi iš šalies, tampa objektyvus. Visų suvokiančiųjų dvasinį pasaulį (kabalistų) pranašumas tas, kad jie mato savo gimimą iš Kūrėjo iki mūsų pasaulio, nes kyla tomis pačiomis pakopomis, kuriomis nusileido jų sielos.

Kabalistai ima jausti savo ankstesnįjį „aš" ir žiūri į priekį. Jeigu žmogus suvokia savo dvasinę šaknį, tada jis iš tiesų mato save ir tai, kas priekyje. Kitaip jis priekyje nemato nieko.

Kiekvieną kartą keičiasi žmogaus norai, nes nuolatos atsinaujina jo dvasinė šaknis, vedanti jį į tikslą. Dvasinis augimas – tai noras eiti, tobulėti pačiam, o ne dėl to, kad verčia aplinkybės.

Atsigręžti atgal reikia tik tam, kad išanalizuotum savo ankstesnę būseną, kad žinotum, kaip toliau tobulėti: ne tam, kad ieškotum pateisinimo savo tingumui ir nieko neveikimui, o tam, kad įgytum žinojimą ir paskui eitum nepaisydamas jo.

Žmogus turi viską, kas sukurta Kūrėjo: pasauliai, *sfirot*, angelai ir visas mūsų pasaulis yra žmogaus viduje. Tačiau žmogui atrodo, kad jis viską jaučia iš išorės.

Iš tiesų nėra nieko, kas būtų ne žmogaus viduje, tik Kūrėjas, kurio nejaučiame, o juntame vien Jo poveikį mums, todėl save suvokiame vis geriau ir geriau.

Šios savęs suvokimo stadijos vadinamos *sfirot, parcufim*, pasauliais, ir jos yra mūsų viduje. O tai, kas yra išorėje, tėra iliuzija, tokia, kad neįmanoma įsivaizduoti kažko priešingo.

Jutimo organai sudaro mums priešingą vaizdą: tie dalykai, kurie iš tikrųjų yra mūsų viduje, mums atrodo kaip esantys išorėje, nors išorėje yra tiktai Kūrėjas.

Tai, kas viduje, jaučiama kaip išorė

Kaip žmogus pajunta, kad jį supa pasaulis? Žmogus yra tarsi savo pojūčių sferoje. Iš išorės „spaudžia" Kūrėjas, ir žmogus, būdamas savo sferos viduje, išlaikydamas pusiausvyrą su išoriniu spaudimu, jaučia, reaguoja į Jį savo juslėmis.

Dėl šio spaudimo iš vidaus, susiduriančio su išoriniu spaudimu, žmogui kyla vaizdiniai, susikuria paveikslas, vadinamas „pasauliu". Šis paveikslas įsisąmoninamas kaip esantis išorėje, nors iš tiesų jis žmogaus viduje.

Toks pats visų matavimo prietaisų veikimo principas: jie matuoja ne patį poveikį, o savo reakciją į tą poveikį.

Mes negalime suvokti išorinio pasaulio, nes jis neegzistuoja. Visi mokslai tiria, kaip suvokiame Kūrėją. Tačiau, nepaisant to, kad žmogus suvokia tik save, kad visą vaizdą jis suvokia vien savyje, šito pakanka, kad jis egzistuotų šiame paveiksle. Nes Kūrėjas, kurdamas mumyse šį paveikslą, taip mus veikia.

Tai, ką jaučiame, – tinkamiausi ir būtiniausi pojūčiai mūsų raidai. Nelieka klausimo: „Kaip žmogus mūsų pasaulyje gali dvasiškai vystytis?"

Tas Kūrėjo fragmentas, kurį žmogus jaučia ir vadina savo pasauliu, ir yra tai, ką jis turi jausti šią akimirką, ir veikti žmogus turi būtent šiame „savo pasaulyje".

Tai, ką jaučiame kiekvieną akimirką, yra geriausia, kas gali būti mūsų dvasiniam vystymuisi!

Žmogus viską aplinkui suvokia subjektyviai – tokia forma, kuri būtina jo egzistavimui. Jis jaučia kitus, supranta jų sumanymus, ir tai leidžia egzistuoti tarp panašių į save.

Bet jautimo ir supratimo lygmuo priklauso nuo žmogaus išsivystymo. Tai galime palyginti su radijo imtuvu: kuo platesnis dažnių diapazonas, tuo daugiau bangų gali pagauti imtuvas.

Suprasti į save panašų žmogus gali tik pagal tai, ką jaučia pats. Jis turi rasti savyje viso likusio pasaulio savybes ir tik tada gebės pažinti aplinką.

O jeigu niekad nepatyrė kokio nors pojūčio (pavyzdžiui, galvos skausmo), niekaip negali įsivaizduoti, kas tai yra. Todėl žmogus skiriasi nuo negyvojo, augalų ir gyvūnų pasaulių vidiniu išsivystymu.

Iš savęs pažinsiu Kūrėją

Tam, kad pažintum aplinką ir galiausiai patį Kūrėją, reikia ištirti savo savybes, kaip pasakyta: „Iš savęs pažinsiu savo Kūrėją". Žmogus sukurtas būtent taip, kad viską galėtų suvokti ne savyje, antraip jis nesugebėtų per save ištaisyti „viso pasaulio".

Viena, ko žmogus negali suvokti, – savo kilmės, visko, kas buvo iki tol, kai jis įsisąmonino save, iki šios minties, kuri gimė, kaip ji gimė, iš kur tas noras jam atsirado.

Mūsų kalba nėra tinkama, kad išreikštų, kodėl gavome būtent tokias mūsų „aš" savybes.

Pasaulių nusileidimas iš viršaus į apačią, jų nutolimas nuo Kūrėjo šviesos ir šios šviesos silpnėjimas vyko todėl, kad būtų galima sukurti žmogų, kuris iš pradžių egzistuotų visiškai atskirtas nuo Kūrėjo ir pasiektų visišką susiliejimą su Juo.

Visas pasirengimas žmogaus atsiradimui vadinamas „atvirkštine puse". Jo žmogus nė kiek nejaučia, nes tai – aukščiausios pakopos, kuriomis nusileidžia šviesa, nuo Kūrėjo iki mūsų pasaulio (pačios žemiausios pakopos).

Šias nusileidimo pakopas suvokia tik kabalistai, kurie kyla jomis iš apačios į viršų ir aprašo jas savo knygose. Kylantieji supranta savo užgimimą, todėl vis geriau pažįsta savo Šaltinį ir save pačius, žino savo ateitį.

Užgimimo paslaptis

Ką reiškia suvokti visos pasaulių sistemos (nuo pirminio sumanymo iki galutinio tikslo) užgimimo paslaptį?

Visas kūrimas iki jo pabaigos, visos kūrinijos savybės, o todėl ir visas jos kelias yra šviesoje, nusileidžiančioje iš Kūrėjo. Vystydamasis žmogus gauna šią šviesą ir suvokia pasaulio paslaptį.

Kildamas šios šviesos nusileidimo pakopomis, priklausomai nuo savo dvasinio išsivystymo žmogus kiekvienoje pakopoje suvokia savo praeitį, savo Šaltinį.

Kuo aukščiau kyla žmogus, tuo daugiau iš savo „praeities" jis pažįsta. Viskas vyksta vienu ir tuo pačiu keliu: iš viršaus į apačią nusileidžia *sfirot, parcufim* ir pasauliai, o jais iš apačios į viršų kyla žmogus susilieti su Kūrėju.

Kūrėjas atskleidžia visas „nusileidimo iš viršaus į apačią pakopas", tačiau vystymosi iš apačios į viršų, visų pakopų nuo pačios žemiausios (mūsų pasaulio) iki pačios aukščiausios („išsitaisymo pabaigos") neatskleidžia, nes jas galima suvokti tik taisantis pačioms sieloms.

Visų mūsų norų išsitaisymo pabaigoje atsiskleis tikrasis mūsų egoistinis noras – *malchut*. Žmogus nejaučia šio didžiausiojo noro *lev even* („akmeninė širdis"), kol neištaiso visų kitų 288 norų, nes lydinčių šį norą kančių jis nepajėgia iškęsti ir paties noro ištaisyti negali.

Kartais einantieji į priekį patiria prieš juos atsiveriančią juodąją bedugnę, vadinamą *„malchut* švytėjimu". Tai atvirkščias tikrosios *malchut* spindesys. Bet kol žmogus visiškai neišsitaiso, šis noras neatsiskleidžia. Jis paslėptas nuo mūsų tiek, kad apie jį nė nenutuokiame. Tik ištaisę ir pripildę jį šviesa, kabalistai nusipelno pažinti Kūrėjo veidą – visišką šviesos atskleidimą visoje *malchut*.

Pranašystė ir aukščiausioji išmintis

Yra du suvokimo būdai: pranašystė ir aukščiausioji išmintis.

Pasakyta: „Išminčius aukščiau už pranašą". Nes išminčiaus suvokimas asmeninis, jo paties užsitarnautas. Išminčius gali jį valdyti ir priklausomai nuo savo suvokimo pakopos jis yra Kūrėjo partneris – tarsi pats kuria tą pakopą, į kurią pakyla ir kurioje yra.

Tuo tarpu pranašystė – tai atskleidimas „iš aukščiau", kaip dovana, kai Kūrėjas atveria kabalistui akis ir tas mato bei supranta – bet tik dėl to, kad tai atliko Kūrėjas, o ne jis pats.

Prasidėjimas ir augimas

Tą akimirksnį, kai grūdas pasodinamas žemėje, jis pradeda išsilaisvinti iš savo ankstesnio pavidalo, iš savo savybių. Sveikas grūdas vadinamas gimdytoju to grūdo atžvilgiu, kuris supuvo žemėje ir neteko savo savybių.

Iš pirminio pavidalo telieka jėga, būsimojo naujagimio potencija. Sveikame grūde buvo daug savybių, visas pasaulis: mineralai, baltymai ir t. t., o lieka ir pereina į naują pavidalą tik vystymosi programa.

Iš praeities lieka tiktai ankstesnės stadijos jėga, neturinti jokios formos: buvo grūdas su savybėmis ir forma, o liko esmė, kurios neapčiuopiame. Ankstesnė forma visiškai sunaikinta.

Kol dar yra kas nors iš praeities, tai vadinama užuomazga, nusileidimu iš viršaus į apačią.

Bet kai pasiekiamas galutinis taškas, prarandama visa ankstesnė forma, prasideda augimas, vystymasis – tai jau nuoseklus augimas iš apačios į viršų, kol vėl pasiekiama ta pati gimdytojų pakopa, nuo kurios prasidėjo nusileidimas.

Žmogus, gimęs mūsų pasaulyje, dvasiškai dar lieka užuomazga, dar laikomas esantis savo dvasinių gimdytojų viduje, dar negimęs.

Jo fizinis vystymasis nereiškia dvasinio vystymosi. Jokie fiziniai veiksmai, ritualų ar papročių atlikimas neištaiso žmogaus ir nepakelia jo į dvasinį pasaulį, todėl tas, kuris nesitaiso studijuodamas kabalą, vadinamas *domem* – „dvasiškai nesivystančiu" (pažodžiui – „dvasiškai negyvas").

Po to, kai iš viršaus žmogui duodamas noras dvasiškai tobulėti (jei taip atsitiko), žmogus siekia studijuoti tikrąsias knygas, ieško tikrojo Mokytojo, pradeda suvokti save ir savo prigimties niekingumą.

Šį savo menkumo suvokimo procesą žmogus jaučia kaip neigiamą; tai panašu į grūdo puvimą. Bet jeigu žmogus palaipsniui paneigia savyje savo egoistines savybes ir prašo jas ištaisyti, tai atsiplėšia nuo savojo „aš".

Iki šios būsenos jis yra kaip užuomazga motinoje. Bet tą akimirką, kai gauna iš aukščiau jėgą, išvaduojančią jį iš egoistinės prigimties, jis laikomas gimusiu.

Gimimo akimirka – tai akimirka, kai gaunama jėga visiems savo norams valdyti, užgniaužti juos, kad pakiltum dvasiškai. Nuo to akimirksnio prasideda žmogaus kilimas iš apačios į viršų tomis pačiomis pakopomis, kuriomis jo siela nusileido iš viršaus žemyn.

Šios žemiausios būsenos pasiekimas – tai pirmoji žmogaus pakopa kylant dvasiškai, ir nors vystymasis nukreiptas į viršų, į Kūrėją, iš pradžių žmogus savo pojūčiais tarsi vis labiau ir labiau atitolsta nuo Jo.

Taip jaučiama dėl to, kad atskleidžiamos, jaučiamos savyje vis žemesnės egoistinės savybės. Kartu žmogui parodomas jo paties jėgų menkumas, visiškas nenoras kreiptis į Kūrėją, kad šis padėtų. Visų šių veiksnių atskleidimas suteikia žmogui galimybę gimti dvasiškai.

Visuma ir dalis tapačios

Kas jaučia turįs žinių, pats žinąs ir suprantąs, kaip gyventi, kaip mokytis, dar turi evoliucionuoti „iš viršaus žemyn". Ir tik po to pradėti priešingą kelią „iš apačios į viršų".

Kol pasiekiamas žemiausias taškas (visiškas savo egoistinės prigimties įsisąmoninimas), žmogus nueina kelią, kai suvokia savo blogį (veikiant išorinėms jėgoms, skatinančioms tokį vystymąsi). Ir šis kelias vadinamas kančių keliu.

Veikiant šioms jėgoms palaipsniui kiekvienoje kartoje kiekvienas žmogus kentėdamas sąmoningai ar nesąmoningai suvokia ir sutinka, kad jo egoistinė prigimtis niekinga. Ir tuo priartėja prie kūrimo tikslo.

Bet koks ilgas šis kelias! Juk galutinis šio kelio vystymosi taškas – suvokimas, jog egoizmas toks kenksmingas, kad vienintelis būdas išvengti kančių – visiškai jo atsisakyti. Ši kelio dalis vadinama „blogio įsisąmoninimu" *(akarat ra)*.

Žmogus gali pagreitinti savo vystymąsi, taisydamas save aukščiausiąja šviesa (kabalos kelias), jeigu sieks išsitaisyti kabalos metodika, užuot ėjęs kančių keliu. Šie keliai skiriasi tuo, kad kabalos kelias gerokai paspartina dvasinį žmogaus vystymąsi.

Kuo labiau žmogus siekia tobulėti, tuo labiau mato, kaip žemai jis yra, kaip leidžiasi vis žemiau, ir tuo greičiau jis „supus" kaip grūdas savo paties akyse ir gimęs ims „dygti".

Žmogus iš pradžių nesuvokia, kad jo poreikis dvasingumui duotas iš aukščiau: juk iš kur egoizme gali atsirasti toks siekis! Ir geidžia žmogus dvasingumo tik todėl, kad nežino, kas tai yra, – juk dvasinis pasaulis egoizmui (dabartinei žmogaus prigimčiai) – tai mirtis, visiška priešybė.

Kaip neįmanoma įkišti rankos į ugnį, taip neįmanoma priversti savęs įgyti altruistinių savybių – jos tokios priešingos mums. Bet pats egoizmas pastūmėja žmogų į dvasinį pasaulį (dar ir todėl, kad tik iš šviesos jis gauna malonumą).

Savižudis egoizmas

Kaip egoizmas gali pats save pražudyti? Kodėl iš „dėl savęs" *(lo lišma)* žmogus pereina prie „dėl Kūrėjo" *(lišma)*?

Priimti *lišma* savu noru iš pradžių neįmanoma. Todėl specialiai sukurta *lo lišma*, ir žmogus gali sau meluoti, kad veikia dėl egoizmo, bet iš tiesų būtent egoizmas ir padeda žmogui pažinti savo niekingumą ir bejėgiškumą ir „pamažu" veda prie būsenos *lišma*.

Todėl ir sakoma, kad Kūrėjas sukūrė du angelus – gerąjį ir blogąjį žmogaus pradus, ir abu jie atveda žmogų pas Kūrėją.

Bet kol žmogus visiškai neišsiskiria su egoizmu, jis mano, kad tai neįmanoma (panašiai kaip grūdas, kuris, kol visiškai nesunyks, negalės įgauti naujos formos). Kol jį sudaro kas nors iš ankstesnės būsenos, jis laikomas besileidžiantis „iš viršaus žemyn".

Ir kai nelieka nieko iš ankstesnių norų, prasideda vystymasis „iš apačios į viršų". Iš paskutinės pačios žemiausios būsenos iš karto prasideda kilimas į viršų.

Netyri mūsų norai, vadinami *klipot*, pažadina mūsų dvasinį troškimą. Jie – būtina sudedamoji kūrinijos dalis, be kurios negalimas mūsų judėjimas į priekį.

Būtent netyros jėgos mums sako: „Tau verta įgyti dvasinį malonumą! Ką tu turi šiame pasaulyje? Menki malonumai. Dvasiniame pasaulyje pasitenkinimas milijonus kartų didesnis ir jis – tikras, amžinas!" Tai sako mums mūsų *klipot!* Ir tokiu būdu padeda mums pradėti dvasines paieškas, o vėliau pakeisti jų tikslą ir pasiekti dvasinį tyrumą.

Du angelai

Kada žmogus pradeda įsisąmoninti bendrą kūrimo vaizdą, jis jaučia nepaprastą tobulumą. Šis tobulumo pojūtis ir yra pats didžiausias pasitenkinimas.

Tyros ir netyros jėgos, du Kūrėjo angelai, dvi priešingai veikiančios šviesių ir tamsių pasaulių sistemos nuolat „trina" žmogų kaip delnai žirnį.

Mūsų pasaulyje egoistiniai norai siekia mūsų pasaulio malonumų, bet kai žmogus išeina į dvasinį pasaulį, jam kyla noras gauti pačią šviesą, gryną malonumą sau, kad pats pasitenkintų.

Taisydamas tą norą, žmogus kyla dar aukščiau, bet netyros jėgos, *klipot,* vėl pažadina dar didesnį egoistinį troškimą gauti šviesą dėl savęs. Ir žmogus vėl taiso šį norą į altruistinį.

Ir tokiu būdu, judėdamas „dviem kojomis", auga. Netyros jėgos padeda žmogui kilti. Kūrėjas nesukūrė nieko, kas kenktų žmogui, viskas žmogaus naudai. Bet nėra priesako mylėti netyras jėgas.

Kažką mylėti ar neapkęsti galima tik suvokiant naudą. Dabar mylime *klipot,* kaip teikiančias mums malonumą. Kai pamatysime, kad jos atstumia mus nuo didelio apdovanojimo, pajusime, kad jos – mūsų priešai.

Ar noras tyras, ar netyras, vertina pats žmogus. Ir tik pats žmogus analizuoja savo norus. Šiandien dar nemanome, kad norai mėgautis šio pasaulio malonumais netyri.

Juk tai visas mūsų gyvenimas! Mums patinka šie norai, mes tenkiname juos, jie leidžia mėgautis šviesos kibirkštėle *(ner dakik),* kurią vadiname „gyvenimu".

Žmogus gali paspartinti kelią į apačią, brendimą įsčiose, savo veržimusi viršun. Tai – vienintelis būdas greitai „įsisąmoninti savo blogį".

Jėgos, norai, teisinga kryptis, tikrojo tikslo ieškojimas – įgyjami tik iš tikrų kabalistinių šaltinių ir vadovaujant tikram Mokytojui.

Atliekant kiekvieną veiksmą gyvenime, reikia galvoti „kam aš tai darau" – taip žmogus pastebi, koks jis grubus, egoistiškas, bevalis, trokštantis vien menkų malonumų. Būtent šie nemalonūs pojūčiai kaupiasi ir sukelia „grūdo irimą", iš kurio paskui „iš apačios į viršų" pradės augti naujas kūrinys.

Šis žemiausias žmogaus vystymosi taškas kabaloje vadinamas „šio pasaulio tašku". Ir tik tada, kai žmogus pasiekia savo žemiausiąją būseną, jis jaučia šį tašką.

Tai vadinama, kad jis yra „šiame pasaulyje". Kai jis pasiekia šį tašką, iš karto gauna Kūrėjo atsakymą ir pradeda augti aukštesniajame pasaulyje.

Vystymosi dėsnis

Jeigu mūsų pasaulyje pasirodytų ateivis, tai žiūrėdamas į ką tik dienos šviesą išvydusius jautuką ir kūdikį padarytų išvadą, kad jautukas tobulesnis kūrinys. Ir taip visur: neįmanoma nieko pažinti, jei neaiškios visos tiriamo objekto būsenos – nuo jo atsiradimo iki vystymosi pabaigos.

Bet žmogus viską pažįsta vien savo jutimais, yra tarsi „juoda dėžė", pripildoma tik tuo, kas į ją patenka per penkias jusles, todėl tam, kad kažką ištirtų, jis pirmiausia turi visiškai pažinti save, suvokti savo jutimo organų ribotumą, suprasti, kokį iškreiptą vaizdą jie piešia.

O svarbiausia, žmogus negali pažinti savo ankstesnių būsenų, tad nuo pat pradžių neturi galimybės pažinti savęs.

To, kas vyksta, priežasčių nesupratimas neleidžia suvokti nei dabartinės, nei būsimos būsenos. Bet kabalistas, kylantis dvasinėmis pakopomis, yra aktyvi bendros *malchut, schinos*, kūrinijos dalelė ir todėl suvokia savo ankstesnes (iki gimimo) būsenas, peržengia laiko ribas.

Tačiau net ir žmogaus, suvokiančio dvasines pakopas, galimybės pažinti iš dalies lieka ribotos, nepaisant to, kad bet kuri kūrinijos dalis turi visų dalių savybes. Bet žmogus negali per šią savo dalį suvokti visų reiškinių, nematydamas daugelio reiškinių pasekmių, nes dar nesuvokė jų priežasčių.

Daugelio priežasčių neįmanoma pamatyti, nes jos (šios ankstesnes būsenos) dar užuomazgos stadijoje. Žmogus grįždamas (dvasiškai kildamas) jų dar nepasiekė, dar nepakilo iki tų pakopų, kur gimė kol kas nuo jo paslėptos savybės ir dėsniai.

Tarkime, žmogus pakilo į tam tikrą lygmenį. Vadinasi, pradedant nuo to lygmens ir žemiau gali suprasti veiksmų pradžią ir pabaigą. Tai vadinama jo suvokimo dydžiu. Mūsų pasaulio žmogus nieko nemato iš praeities, nes dar nepasiekė ateities – savo dvasinių būsenų.

Žmogaus „objektyvumas" jaučiant mūsų pasaulį iš esmės yra susitarimas tam tikrą spalvą vadinti raudona arba tam tikrą skonį – karčiu. Mūsų pojūčius išreiškianti kalba neobjektyvi, nes neįmanoma palyginti subjektyvių pojūčių.

Kad būtų galima palyginti dviejų žmonių pojūčius, juos turi turėti vienas juos lyginantis žmogus. Tik tada žmogus gali du pojūčius lyginti (bet vėl – subjektyviai!).

Kadangi žmogus viską suvokia savo viduje, jis privalo pažinti save nuo pradžios iki galo. Tik ištyręs save, jis gali pažinti aplinką.

Jeigu žmogus nėra patyręs kažko panašaus į tai, kas vyksta, šis vyksmas nesukelia žmoguje atgarsio. Nepatyrė kančios – nesupranta, kokią kančią išgyvena kitas. Viskas suvokiama ankstesnių jausmų, patirties (to, kas jausta viduje) atžvilgiu.

Todėl nesuvokęs ankstesnių, „iki gimimo" būsenų, žmogus negali suvokti savęs. O save suvokti žmogus privalo, juk kitaip jis nesuvoks visos kūrinijos.

Tik pradėjęs kilti tomis pakopomis, kuriomis jo siela nusileido, žmogus suvokia savo savybes.

Šitai suvokiama ne todėl, kad žmogus kyla, o dėl to, kad kildamas jis tiria savo „nusileidžiant" praeitas pakopas, eina į savo praeitį. Ir tokiu būdu mato savo ištakas.

Nėra pažinusio save žmogaus

Kad visiškai pažintum kokį nors objektą, svarbiausia pažinti jo neigiamas, negatyvias savybes ir jų reiškimąsi. Viskas, kas sukurta, – tai noras mėgautis, egoizmas, blogis. Ir kad visiškai pažintume objektą, turime išvysti pačią didžiausią šio egoistinio noro apraišką. Tada galime būti tikri, jog nusileidome į pačias gelmes, į šio objekto esmę.

Tad išvysti kieno nors esmę – reiškia pamatyti jo neigiamas savybes. O kadangi žmogus nesugeba matyti savyje neigiamų savybių, jis negali savęs pažinti.

Kodėl žmogus negali matyti savo blogio? Nes jo egoizmas neleidžia jam to pajausti. Juk mūsų esmė – noras gauti malonumą. Malonumo nebuvimas sukelia mums kančią.

Žmogus nesugeba kentėti savo noru – tai aukščiau jo prigimties. Jeigu žmogus sutinka patirti kančias, vadinasi, už jų jis mato naudą, kuri didesnė nei kančios. Ir galiausiai žmogus gauna malonumą kaip užmokestį už kančias.

Be to, ten, kur žmogus mato pasitenkinimą, jis negali vienu metu matyti, kad tai negatyvu ir kenkia jam. Kadangi visus malonumus mums teikia mūsų egoizmas, tai jis ir neleidžia matyti savęs blogo.

Jeigu suvoktume egoizmą kaip blogį, patys panorėtume jo atsikratyti. Tačiau sakome priešingai: „Šis žmogus nori būti didelis mokslininkas, garsus aktorius, tas daug dirba, anas rūpinasi savo šeima, myli savo vaikus!" Mes giriame egoizmo apraiškas ir ieškome jo teigiamų aspektų. O neigiamus stengiamės kaip nors paslėpti nuo savęs.

Dėl to žmones vilioja tokios teorijos kaip komunizmas, labdara – juk tai imponuoja egoizmui: „Aš būsiu viskuo patenkintas", „Visi rūpinsis manimi", „Man bus gerai ir saugu". Puiki priedanga egoizmui! O kažko neigiamo apie egoizmą nenorime ir girdėti – tai nemalonu, sukelia kančias.

Malonumas slepia blogį

Viską, ką žmogus neigiamo mato kituose, savyje stengiasi pamatyti iš gerosios pusės. Jam malonius žmones vertina vien teigiamai. O tuos, kurie jam bjaurūs, vien neigiamai.

Akivaizdus pavyzdys – tėvai ir vaikai: tėvai mato vien teigiamas savo vaiko savybes. Pabandyk pasakyti kažką neigiamo – įgysi priešą. O juk tavo pastaba teisinga, objektyvi. Tačiau egoizmas suvokia ne tai, kas objektyvu, bet tai, kas malonu.

Blogis visada jaučiamas kaip skausmas. Todėl net žinodamas iš anksto, kad tai blogis, žmogus „atjungia" savo jutimo organus, stengiasi negirdėti, atsiriboti nuo to blogo, kas apie jį kalbama. Ir tai vyksta automatiškai.

Žmogus negali girdėti tiesos apie save. Psichologas tai pavadins „gynybinėmis organizmo sistemomis", o kabalistas – „gynybinėmis egoizmo sistemomis".

Taigi egzistuoja dėsnis: „Malonumo šaltinis nesuvokiamas kaip blogis". Ir tik daug patyręs žmogus ima suprasti, kad tai, kas atrodo kaip gėris, iš tiesų yra blogis. Kad tai suvoktų, žmogui reikia mėnesių, metų, taip pat atminties ir ypatingų sąmonės savybių, gilesnės savityros. Ir ne kiekvienas tai geba.

Mūsų kūno pagrindas – egoizmas, ir kad jis suprastų, jog pasimėgavus teks užmokėti, būtina bausmių patirtis. Ji sukuria sąlyginį refleksą malonumui – pojūtį, jog po to bus kenčiama. Tada bet kuris siūlomas malonumas iš anksto suvokiamas kaip blogis.

Tačiau pasiekę aukščiausias pakopas, kabalistai nusipelno suvokti visus šiuos lygmenis savyje, o tai vadinama „siela".

„Siela" – tai šviesa užpildytas dvasinis indas *(kli)*. *Kli* mes galime suvokti pagal jį užpildančią šviesą, kaip pasakyta: „Tavo šviesoje išvysiu šviesą", t. y. kai ateina šviesa, žmogus mato teigiamas ir neigiamas savo savybes šviesos savybių atžvilgiu.

Taip yra todėl, kad mes galime suvokti objektą tik lygindami jį su jo priešingybe. Ir tiktai šviesa gali parodyti mums mūsų neigiamas savybes.

Siela – suvokimas

Jau minėta, kad pasauliai iš pradžių suvokiami „iš viršaus į apačią": suvokiamas vadinamasis „sielos nusileidimas", o po to suartėjimo su Kūrėju pakopos „iš apačios į viršų" (tai ir yra tikrasis suvokimas).

Kildamas į kitą dvasinę pakopą, žmogus pirmiausia suvokia, kaip jo siela nusileido iš viršaus į apačią, savo ankstesniąją būseną, kuri buvo iki jam gimstant dvasiškai. Tokia jo būsena vadinama „ibur" („užuomazga"). (*Ubar* – dvasinis embrionas, *ibur* – gimimo procesas).

Kitaip tariant, pakilimas į kiekvieną naują dvasinę pakopą prasideda „užuomazgos" būsena, tačiau ne taip, kaip siela leidosi, – nesąmoningai, Kūrėjo jėga ir noru. Kildamas viršun žmogus sąmoningai, savo jėgomis, maldomis pasiekia *ibur* būseną, t. y. visiškai paklūsta dvasiniams tos pakopos įstatymams, taisyklėms, kurios atsiskleidžia jam toje pakopoje.

Jeigu žmogus sutinka, nepaisydamas savo egoizmo kliūčių, laikytis tos dvasinės pakopos įstatymų, jis tampa šios pakopos užuomazga Kūrėjuje. O vėliau gimsta ir auga joje, kol išauga ir pasiekia kitą *ibur* būseną aukštesnėje pakopoje.

Ir taip palaipsniui kiekvieną pakopą žmogus pradeda pažinti nuo užuomazgos būsenos – visiškai paklusdamas jos įstatymams.

Tapęs dvasiniu embrionu, žmogus vystosi toliau: ima ne priverstinai, o savu noru paklusti dvasiniams įstatymams. Tokiu būdu vietoj ankstesnių savo dvasinio kūno organų, egoistinių norų, jis įgyja naujus organus (altruistinius norus) ir į juos dėl Kūrėjo gauna aukščiausiąją šviesą, savo sielą. Ir tai jau vadinama suvokimu iš apačios į viršų, tikruoju suvokimu!

Kiekvienoje pakopoje, kol žmogus tik sutinka su visais įstatymais, bet pats dar neįgijo tos pakopos norų (savybių), jo būsena toje pakopoje vadinama užuomazga, *ubar.*

Bet vos pradėjęs savarankiškai vykdyti tos pakopos įstatymus, įgyja jos norus, tuomet laikoma, kad gimė joje.

Užuomazga – tai „ištirpimas" konkrečioje pakopoje, kuriai būdingi tam tikri norai, savybės, įstatymai ir kuri šiuo atveju vadinama „tėvu ir motina" *(aba ve ima)*. O kai žmogus įgyja jos savybes, tampa didelis, lygus jai ir iš karto pajunta naują aukštesniąją pakopą.

Ir vėl kartojasi tas pats kelias: pradeda kurti iš savęs šios aukštesnės pakopos užuomazgą, kuri tampa jam „tėvu ir motina".

Sielos nusileidimo pakopos – jos gimimas

Visos pakopos, kuriomis siela nusileidžia iš viršaus į apačią, vadinamos žmogaus sielos gimimu. Tačiau tik savarankiškai įgijęs aukštesniosios pakopos troškimą žmogus vadinamas dvasiškai gimusiu.

Pradėjęs studijuoti kabalą, žmogus netrukus įsisąmonina savo blogį. Šį kelią pradedame nuo *lo lišma* – nuo egoistinių siekių.

Egoistiniais būdais mums norisi suvokti Kūrėją, gauti dvasinį malonumą. Juk kiekvieno žmogaus dvasinis kilimas prasideda nuo nepasitenkinimo šiuo gyvenimu – o kaip dar kitaip galima egoizmą kuo nors suvilioti?

Todėl paėmęs dalelytę šviesos iš mūsų pasaulio objektų ir šviesdamas ja iš tolo, neįvilkęs į konkretų objektą, Kūrėjas sukuria žmoguje egoistinį troškimą pasiekti dvasinį malonumą.

Tokiu būdu žmogus egoistiškai siekia dvasinio pasaulio. Bet pats egoizmas padeda išeiti iš jo, nes egoizmas veikia prieš save. Žmogus vieną egoistinį tikslą stengiasi pakeisti kitu. Tai įžanginė stadija vystant tikrąjį norą.

Žinoma, tokiu būdu iš aukščiau, aukštesniųjų objektų, vadinamų *aba ve ima* (tėvu ir motina), valia vedama dvasingumo link. Ir toks mūsų nesąmoningo vystymosi etapas vadinamas *ibur*. Tai – nesąmoningas mūsų pasaulio *ibur*. O dvasiniame pasaulyje žmogus sąmoningai pasiekia *ibur* būseną.

620 kartų labiau

Žmogus savo fiziniame kūne papildomai, palaipsniui gaudamas visus Begalybės pasaulio *malchut* norus, taisydamas juos, turi pasiekti tą aukščiausią pakopą, nuo kurios jo siela nusileido žemyn.

Taip žmogus patiria 620 kartų didesnį susiliejimą su Kūrėju nei tas, kuris buvo iki jo sielos nusileidimo žemyn, prieš jai apsivelkant kūnu.

Šis laimėjimas ir yra visų pasaulių sukūrimo priežastis. Būtent taisydamas egoizmą, žmogus suvokia dvasinį pasaulį 620 kartu geriau nei iki gimimo šiame pasaulyje.

Dvasiniame pasaulyje niekas neišnyksta: žmogus pakilo į tam tikrą pakopą, joje egzistuoja jo siela kelyje iš viršaus į apačią, prieš jai nusileidžiant žemyn ir gimstant mūsų pasaulyje.

Todėl dabar vienoje pakopoje vienu metu egzistuoja žmogaus dvasinės būsenos – praeitis (iki gimimo) ir dabartis.

Abi šios būsenos yra žmoguje. Bet dabar žmogus turi „ekraną" visoms kažkada buvusioms egoistinėms savybėms. Būtent „ekranas" leidžia žmogui įsisąmoninti ankstesnes būsenas ir todėl visiškai pajausti, „paskanauti" jį užpildančią šviesą.

Įsisąmoninti praeityje nesąmoningą savo paties užgimimo būseną ir yra savarankiškas suvokimas.

Kūrėjas dabar žmogaus jaučiamas 620 kartų labiau dėl jame esančių naujų savybių. Anksčiau šioje pakopoje jis buvo *ibur* būsenos, neturėjo *kėlim* (indų), kad pajaustų savo būseną.

Tuo tarpu dabar dėl to, kad kildamas žmogus dirbo su egoizmu, įvykdė šio lygmens 620 priesakų, atsiranda 620 kartų didesnė galimybė atskirti savo būsenos ypatybes.

Bet nereikia galvoti, kad žmogui gimus dvasiniame pasaulyje, pakilus į pirmąją dvasinę pakopą, mūsų pasaulis netenka reikšmės.

Priešingai, dvasinės pakopos pradeda atsiskleisti per mūsų pasaulio objektus, apvalkalus. Žmogus per juos pajaučia juose esančias dvasines kategorijas. Ir todėl mūsų pasaulis jam atrodo perregimas.

Ir visus kitus pasaulius žmogus pradeda matyti toje pačioje „erdvėje", sujungęs ir suderinęs juos savo pojūčiuose, savo veikloje ir savo požiūryje. Šios vienovės suvokimo dydis yra žmogaus išsitaisymo matas.

Dvasiškai žmogus pakyla aukščiau mūsų pasaulio, bet veikia per jį. Atsiranda galimybė panaudoti mūsų pasaulį. Juk tai ir yra kūrimo tikslas: žmogus, būdamas mūsų pasaulyje, turi suvokti Kūrėją.

Mūsų pasaulis – tai ne pakopa, kurią reikia pamiršti, ją peržengus. Visas darbas kaip tik ir vyksta per mūsų pasaulio apvalkalus: per šeimą, visuomenę, per supančią aplinką.

Todėl kabalistas – ne kažkoks atsiskyrėlis nuo tikrovės, o atvirkščiai, būtent labiausiai su ja susijęs žmogus.

Sielos vystymasis

Žmogui gimus, pradėjus judėti iš apačios į viršų, palaipsniui dvasiškai tobulėti, vyksta tie patys nuoseklūs procesai, jis kyla tomis pačiomis pakopomis, kuriomis jo siela leidosi žemyn, bet tik atvirkštine tvarka iš apačios į viršų.

Kabaloje studijuodamas pakopų nusileidimą iš viršaus į apačią, žmogus tarsi sužadina savyje siekį pakartoti tuos procesus, bet iš apačios į viršų. Bet kuriuo atveju supanti šviesa pradeda veikti, nes ji priklauso pakopoms, nepaisant to, kad žmogus pats dar nepasiekė šių pakopų.

Žmogus niekur nejuda: vidiniais pojūčiais priešinga kryptimi jis praeina visas savo sukūrimo stadijas, tačiau dabar jau pats, kurdamas save.

Jis kuria pats save, „ekraną" savo norams, gimdo savyje visas pakopas. Todėl palaipsniui suvokia Kūrėją 620 kartų labiau nei jo siela iki įsikūnijimo.

Štai kokią galimybę Kūrėjas suteikia žmogui! Žmogus tarsi tampa dar didesniu savo būsenų kūrėju nei pats Kūrėjas!

Suvokdamas kiekvieną pakopą, žmogus suvokia pirminę savo būsenos priežastį ir atranda, kad visa tai jam iš anksto paruošė Kūrėjas. O pojūtis, neva jis pats tai pasiekė, įrašytas šios pakopos savybėse, kai siela leidosi iš viršaus į apačią.

Toks yra tobulas suvokimas: iš vienos pusės – žmogus, iš kitos – Kūrėjas! Pasikartojantis ir neatskiriamas veiksmas: viską daro žmogus... ir viską daro Kūrėjas. Ir tuo jie abu susilieja kiekvienoje dvasinėje pakopoje, į kurią pakyla žmogus.

Šis dvilypis žmogaus suvokimas, kad viskas priklauso nuo Kūrėjo ir tuo pačiu metu viskas priklauso nuo žmogaus veiksmų, vadinamas kabaloje „*AVAJA – ELOKIM*" valdymu, dvilypiu valdymu.

Dvasinėse pakopose tai susilieja žmogaus sąmonėje, kaip ir laiko samprata: praeities, dabarties ir ateities pojūčiai. Bet savęs, savojo „aš" jautimas išlieka.

Mūsų kalboje nėra žodžių aprašyti šiam dvasiniam pojūčiui – jam analogijos mūsų pasaulyje nerasime. Juk mūsų pasaulyje priežastis ir jos pasekmė vienareikšmės.

Todėl priežastis gali būti arba žmoguje, arba Kūrėjuje, bet negali būti taip, kad viskas priklauso tik nuo žmogaus ir tuo pačiu metu viskas priklauso tik nuo Kūrėjo. Tai prieštarauja mūsų protui: „Viskas priklauso nuo manęs ir viskas iš anksto numatyta". Tik atsiplėšęs nuo „žemės", žmogus supranta, kad čia nėra jokios prieštaros.

Vystymasis paaiškina gimimą

Kadangi šie du keliai (iš viršaus į apačią ir iš apačios į viršų) absoliučiai panašūs, tai mes, suvokdami kilimo, dvasinio vystymosi iš apačios į viršų kelią, galime suprasti nusileidimo, pasaulių ir sielų sukūrimo iš viršaus į apačią kelią. Todėl kabalistai, suvokdami dvasines pakopas iš apačios į viršų, aprašo mums nusileidimą iš viršaus į apačią.

Kodėl jie neaprašo mums savo kelio? Nes nori aprašyti Kūrėjo veiksmus visų kūrinių atžvilgiu. O suvokiantysis, vystydamasis savo dvasiniame kelyje, iš aprašymų, kaip nusileido pasauliai, semiasi metodų ir patarimų dvasiniam kilimui.

Išeidamas iš savo egoizmo, iš savo pasaulio žmogus patenka į dvasinį pasaulį *Asija*, po to kyla į pasaulį *Jecira*, į pasaulį *Brija*, į *Acilut* pasaulį. Tai panašu į keturias vaisiaus atsiradimo stadijas nuo grūdo iki visiško jo subrendimo:

1) kol laikomas vaisiumi – pasaulis *Asija;*

2) galima valgyti, bet dar nėra skonio ir malonumo – pasaulis *Jecira;*

3) atsiranda skonis – pasaulis *Brija;*

4) atsiskleidžia visas skonis ir visos savybės – pasaulis *Acilut.*

Du vystymosi keliai

Viskas, kas yra kūrinijoje, egzistuoja kiekvienoje mažoje jos dalelėje. Todėl visos savybės ir dėsniai, galiojantys nusileidžiant ar kylant pasaulių pakopomis, pasireiškia kiekvienos jų mažiausioje dalyje.

Aukštesnioji pakopa vadinama tėvu, priežastimi, Kūrėju. Žemesnioji, Jo pagimdyta, vadinama jo sūnumi, šaka, pasekme, kūriniu.

Nusileidimas iš viršaus į apačią pagimdo žemesnįjį iš aukštesniojo kiekvienoje pakopoje, atsiranda savarankiškas kūrinys, jis atsiskiria iš Kūrėjo.

Pasaulių nusileidimo prasmė ta, kad laipsniškai jiems tolstant nuo Kūrėjo, galėtų atsirasti kūrinys, suvokiantis, jog yra visiškai savarankiškas.

Kilimas dvasinėmis pakopomis yra priešingas: kūrinys vystosi dvasiškai, o tai reiškia vis didesnį jo panašumą į Kūrėją; jis pasiekia savo šaknį, Tėvą, tampa toks kaip Jis. Ir šis procesas vyksta su kiekviena kūrinijos dalimi (žmogumi) atskirai ir su visa kūrinija bendrai.

Mokymasis – gamtos mėgdžiojimas

Stebėdami, kaip sukurta kūrinija, atrandame, jog Jis viską sukūrė mūsų veiksmams, kaip parašyta: „Sukūrė Kūrėjas dėl veiksmo". Kitaip tariant, visa aplinka sukurta tik tam, kad taisytume kūrinį, papildytume tai, kas sukurta.

Šie mūsų veiksmai dalyvaujant kūrime vadinami kūrinio taisymu. Mūsų tikslas – kad kūrinys visiškai išsitaisytų.

Ir būtent pagal tai, kas pasakyta: „Sukūrė Kūrėjas dėl veiksmo", turime manyti, kad visa, kas sukurta, sukurta mums, dėl mūsų veiksmų, ir viskas priklauso tik nuo mūsų, nuo to, ar sukursime savyje „ekraną". Mūsų vaidmuo kūrime – užbaigti savo vystymąsi mėgdžiojant gamtą.

Visa, kas vyksta „iš viršaus į apačią", ateina iš Begalybės pasaulio, iš paties Kūrėjo iki Adomo, iki jo sielos sudužimo, iki mūsų pasaulio atsiradimo, iki fizinių kūnų atsiradimo šiame pasaulyje, iki tos akimirkos, kai žmogus įsisąmonina savo egzistavimo prasmę dėl konkretaus Kūrėjo tikslo – visi šie kūrinio vystymosi etapai yra pirminis mūsų užgimimas aukštesniajame – „iš viršaus į apačią".

Toliau – mūsų dvasinis vystymasis „įsčiose", kol netapsime dvasiškai nepriklausomi savo veiksmais – kiek leidžia įgytas „ekranas". Nepriklausomi ne nuo Kūrėjo, o nuo pačių savęs, nuo savo mažo pirminio egoizmo.

Nepriklausomybės įgijimas vadinamas dvasiniu gimimu. O po to pradedame vystytis kildami dvasinėmis pakopomis.

Mumyse yra visos mūsų būsenos (savybės) kaip grūde, pasėtame žemėje, yra viskas, visos jo būsimos vystymosi fazės.

Tereikia sukurti būtinas išorines sąlygas tam, kad sėkmingai vystytųsi naujagimis. Štai jas, tas išorines vystymosi sąlygas, mes ir turime sukurti savo sielai. Tik tada ji ims vystytis.

Tai ir yra mūsų darbas. Nieko naujo nesukuriame, viskas yra mūsų viduje, teturime atskleisti savyje dvasines pakopas, išmokę pamėgdžioti dvasinę prigimtį.

Beje, žmogui augant jam atsiveria akys: jis permato mūsų pasaulį, per jį regi visus pasaulius, koncentrinius, gaubiančius vienas kitą, mato, kaip jie visi palaipsniui užlaiko (kiekvienas savo) Kūrėjo šviesos porciją ir todėl pro juos Kūrėjas pasirodo žmogui šio pasaulio vaizdais. Bet dvasiškai vystydamasis, žmogus už mūsų pasaulio objektų mato dvasines jėgas.

„Iš viršaus žemyn" suvokimas moko pakilti „iš apačios į viršų"

Mūsų vystymasis, kurį turime realizuoti po to, kai pradedame dvasiškai gimti, – tai atkartojimas gamtos veiksmų, kuriuos matome savyje ir už savęs.

Kilti dvasinėmis pakopomis – reiškia tapti panašiam į jas savo savybėmis. Visas žmogaus augimas – tik vis didesnis panašumas į aukštesnių pakopų prigimtį, kol prilygstama pačiam Kūrėjui.

Juk visur, kad ir ką darytume, mes tik mėgdžiojame gamtą: gamindami dažus, kurdami garsus, transporto, valdymo priemones, be to, visos mūsų žinios ir mokslai – mūsų jau atskleistų žinių apie aplinką visuma.

Visos šiuolaikinės žmogaus sukurtos naujovės kyla tarsi atsietai nuo tikrovės, bet tai ne daugiau nei užmaskuotas gamtos mėgdžiojimas.

Tačiau tai, ką vadiname gamta, – tėra nedidelis fragmentas iš milžiniško paveikslo, kuris iš tiesų yra ir kuris atsiskleidžia kylančiajam.

Viso vaizdo mes nematome. Todėl atkurti jo dabar negalime. Pažintą gamtos dalį įsisąmoniname, kita dalis lieka nepažinta. Tačiau ją ir turime palaipsniui atskleisti. Ir tai vadinama vystymusi mėgdžiojant gamtą.

Ir žmogaus vystymasis šiame pasaulyje, ir dvasinis žmogaus vystymasis – tai priešais jį atsiskleidžiančios gamtos mėgdžiojimas.

Gyvenimo ir malonumo supriešinimas

Jeigu stebime, kaip sukurta, kaip funkcionuoja gamta (bet kuris atskiras objektas ir visuma), visą mūsų jaučiamą kūriniją laikydami vientisa sistema matome, kad viskas sukurta konkrečiam tikslui: suteikti galimybę egzistuoti, funkcionuoti, vystytis.

Ir kiekvieno objekto sandara tokia logiška, tokie nuostabiai tikslūs ir subtilūs visi ryšiai kiekvienoje biologinėje būtybėje, kad tirdami gyvą organizmą, praktiškai negalime atrasti nė vieno trūkumo.

Dar daugiau: jeigu matome kažką kaip trūkumą, iš savo ankstesnės patirties suvokiame, jog tai yra dėl to, kad nesuprantame, kaip tobulai funkcionuoja sistema – organizmas.

Ir todėl visas mūsų kišimasis į gamtą neretai baigiasi skaudžia bausme: užteršta aplinka, sužalota asmenybė, katastrofos.

Nesvarbu, ar braunamės į negyvąją gamtą, augaliją, gyvūniją, ar į žmogaus prigimtį. Mums atrodo, kad į žmogaus vidų, į save, tai jau tikrai turime teisę kištis. Tačiau nežinodami ir, aišku, nepaisydami žmogaus funkcionavimo dėsnių, kišdamiesi darome žalą ir patiems sau.

Todėl amžiais už tai mokame. Bet tai iš esmės ir yra kančių kelias, kuris mūsų laukia, jeigu nesugebėsime eiti kabalos keliu.

Paslėpta tobulybė

Jeigu galėtume matyti visą gamtos paveikslą ir save pačius, nerastume nė vieno trūkumo ir suprastume, kad dėl visiškos gerovės mums tereikia paisyti pasaulio dėsnių, o ne išgalvoti naujus, pagal kuriuos „neva taip funkcionuoja visuomenė".

Tačiau, jei pasaulio dėsnių iki galo neperprantame, o nurodymui „eiti tikėjimu aukščiau žinojimo" (tai priemonė išsigydyti nuo egoizmo) vykdyti nerandame savyje jėgų, tai toliau vadovaujamės savo egoistiniu protu ir nuolat klystame braudamiesi ir į gamtą, ir į save pačius.

Kūrėjas viską sukūrė tobulai, bet tiktai iki mūsų gimimo.

Mes galime matyti sukrečiantį skirtumą tarp to, kaip aukščiausiasis valdymas rūpestingai ir kruopščiai viską parengė sėkmingam gimimui ir pradiniam kiekvienos rūšies vystymuisi pirmuoju gyvenimo etapu, ir to, kaip paskui kiekviena rūšis priversta kovoti už būvį.

Tarsi viską numatanti gamta staiga nutraukia savo planą ir tolesnį individo vystymąsi palieka jam pačiam. Beje, nuo paties žmogaus (gamtos viršūnės) yra paslėpta, kam gamta jį šitaip rūpestingai sukūrė.

Sakytum, panaudota tokia vertinga biologinė medžiaga, vystymosi kelias irgi toks ilgas, ir tik tam, kad staiga būtų sugriauta visa dėsnių logika ir toliau organizmas paliktas sau pačiam.

Juk matome, kad žmogaus organizme kiekviena sistema, kiekvienas organas, kiekviena ląstelė turi paskirtį, visos sistemos optimaliai funkcionuoja.

Apie kiekvieną organą, ląstelę, molekulę galime pasakyti, koks yra jos egzistavimo tikslas, o jeigu to tikslo dar nežinome, tai mums aišku, kad dar jo neatskleidėme. Bet kam egzistuoja visas organizmas, negalime pasakyti – tai paslėpta nuo žmogaus!

Aplink save matome paradoksalų vaizdą: viskas sukurta pagal tobulus dėsnius, kurių nežinome. Kodėl gamta, viską apgalvojanti, sukūrė mus taip, kad nežinome jos dėsnių? Juk tokiu būdu paverčiame niekais visas jos pastangas sukurti tobulą organizmą.

Mums tik iš dalies aiškūs kūrimo dėsniai ir jų loginis išbaigtumas. Bet mes neįžvelgiame jokios valdymo dėsnių logikos, kaip yra vedama į tikslą, dėl kurio tikriausiai buvo sukurta visa kūrinija.

Globaliu mastu taip pat nesuprantame Visatos egzistavimo tikslo, nežinome priežasčių ir tikslų to, kas vyksta kosmose, su valstybėmis, tautomis, su kiekvienu asmeniškai. Nuo mūsų paprasčiausiai paslėpta visa, kas svarbiausia mus supančiame pasaulyje.

Naujai gimusi žmonija

Visuma – tai susiliejusios dalys ir todėl ji panaši į dalis. Ir kaip yra pradinis vystymasis, o po to dalies, individo, gimimas, tai tas pats vyksta ir gimstant visumai.

Ir kaip iš anksto gamtos numatytos ypatingos sąlygos vaisiaus vystymuisi įsčiose, užprogramuota tėvų meilė ir atsidavimas, garantuojantys naujagimio raidą, taip ir žmonių visuomenė, kaip individų visuma, gimsta ir vystosi pagal analogiškus dėsnius.

Vaisiui visiškai nesvarbu, ar jis yra motinos viduje ir tik gamta užsiėmusi jo vystymusi, ar juo rūpinasi motina. Tokius stiprius instinktus gamta davė tėvams tam, kad būtų tęsiamas jos sumanymų vykdymas.

Kūrėjas iš anksto sukūrė visus pasaulius ir nuleido sielas per juos iki mūsų pasaulio, sukūrė čia gyvus tėvą ir motiną, kuriems suteikė norą pratęsti giminę, norą mylėti savo būsimą vaiką ir kitų egoistinių norų kompleksą, kurie verčia aukotis dėl trečiojo, naujagimio, egoizmo.

Matome, kad gimimas – tai vidinio vystymosi tąsa. Tai dar ne žmogaus vystymosi pradžia. Jis vis dar lieka veikiamas gamtos jėgų, nusileidžiančių iš viršaus žemyn.

Kada gi žmogus pradeda vystytis pats, kada prasideda jo kelias iš apačios į viršų, kada jis gimsta dvasiškai? Tik atlikęs pirmą dvasinį judesį. Visa tai tinka ir visuomenei apskritai.

Įsivaizduokime visą žmoniją kaip naujagimį. Ką jam paruošė Kūrėjas kaip mylinčius tėvus? Įstatymą: „Mylėk artimą kaip save", kuriuo Jis pagrindė visuomenės dvasinį vystymąsi.

Šis įstatymas pagal Kūrėjo sumanymą turi atlikti „tėvo ir motinos" funkcijas. Ir jeigu visuomenė nesilaiko šio altruistinio įstatymo, ji visa lieka tarsi be priežiūros, kenčia ir eina į savo pražūtį, keisdama visuomenines santvarkas. Tai yra visuomenės rengimasis prisipildyti dvasiškai.

Kur visuomenė turėtų rasti atsidavusius tėvus? Kiekvienas individas turi rasti tėvus savo aplinkoje, pasakęs sau, kad jis – vienas iš milijono, o visas milijonas jo atžvilgiu – tai jį mylintys tėvai.

Jeigu visuomenė funkcionuoja kaip tėvas ir motina, kurie suteikia gyvybę kiekvienam visuomenės nariui ir rūpinasi juo kaip savo vaiku, tai visi visuomenės nariai ir ji pati gali dvasiškai vystytis, kol pasieks lygį, kai juos ištaisys Kūrėjo šviesa ir jie visiškai įgyvendins savo paskirtį.

Bet kol visuomenės nariai nekuria tokios aplinkos, kiekvienas jos narys panašus į naujagimį, netekusį tėvo ir motinos, kuris, savaime suprantama, dvasiškai žūsta.

O jeigu visuomenė sudaryta tik iš tokių dvasiškai negyvų narių, tai ir ji pati dvasiškai mirusi ir, žinoma, negali suteikti dvasinės globos nė vienam savo nariui.

Visuomenė – Kūrėjo jėga

Visuomenė nėra paprastas individų susibūrimas, tai – Kūrėjo jėga, nes jai Kūrėjas davė galimybę kiekvieną narį atvesti iki aukščiausio dvasinio išsivystymo.

Tai gali būti ne valstybė, o maža uždara visuomenė. Viskas priklauso nuo to, kokius tikslus ji sau kelia ir kokiais principais vadovaujasi.

Jeigu grupė negali būti rūpestingais tėvais kiekvienam, kad žmogus susilietų su Kūrėju, tai tokia grupė žūsta dvasiškai, o po to suirsta ir fiziškai.

Tai gerai matoma iš visų komunų, atsiradusių pasaulyje įvairiais laikotarpiais: jų iširimo priežastis tik ta, kad jeigu jie ir įsipareigodavo rūpintis vienas kitu, panašiai kaip aprašėme anksčiau, tai jų susitelkimo tikslas buvo ne susiliejimas su Kūrėju, o saugus egoistinis egzistavimas.

Žmogų į kūrimo tikslą „suartėti su Kūrėju" nepaliaujamai stumia dvasinė jėga, kurią vadiname gamta, aplinkybėmis. Jeigu žmogus keičiasi, tai priklausomai nuo to, kiek išsitaisė, pats ima žengti žingsnius, norėdamas to paties, ko ir Kūrėjas.

Kol būsimasis dvasinis objektas neišsivystęs ir pats nesistengia siekti kūrimo tikslo, jį į priekį varo žiauri gamtos jėga. Šis kelias vadinamas kančių keliu.

Ši skatinanti jėga verčia mus rūpintis sveikata, miegoti, valgyti, tuoktis, gimdyti vaikus, mylėti juos ir auklėti. Ir su tuo nieko negalima padaryti – norai gimsta mumyse nepriklausomai nuo mūsų valios.

Bet kai žmogus, studijuodamas kabalą, pradeda įsisąmoninti jam keliamą tikslą, o po to ir pats trokšta jį pasiekti, jis sąmoningai priima šį tikslą ir prašo Kūrėją jėgų, kad jį pasiektų.

Pradėjęs sąmoningai vykdyti dalį to, ką anksčiau žiauriai priversdavo atlikti gamta, žmogus, užuot vystydamasis natūraliu gamtos keliu, pradeda pats sparčiai keistis, ir toks jo vystymasis vadinamas kabalos keliu – į kūrimo tikslą.

Ėmęs sąmoningai žengti kūrimo tikslo link, žmogus atima iš gamtos prižiūrėtojos funkcijas, išlaisvina gamtą nuo darbo su juo, pats dirba su savimi. Materialios egoistinės kančios keičiasi į dvasines – siekį išsitaisyti „dėl savęs", o vėliau „dėl Kūrėjo".

Ir kuo daugiau žmogus dirba su savimi, dėdamas pastangas studijuojant kabalą, kad susivienytų su studijuojančiųjų grupe, su Mokytoju, tuo daugiau funkcijų jis galės perimti iš gamtos jai dirbant su juo, kol visiškai neišsivaduos iš jos spaudimo.

Kiekviena žmogaus įveikta pakopa yra darbo dalis, darbo, kuris „atimtas" iš gamtos. Dvasinė pakopa reiškia, kad žmogus tam tikru nuošimčiu sutinka su Kūrėju, t. y. pats atlieka tai, kas skirta.

Bet jeigu visuomenė siekia susivienyti tam, kad gautų malonumus, tai tokia visuomenė neturi teisės egzistuoti, nes Kūrėjo tikslas pakeičiamas egoistiniu tikslu.

Gimęs mūsų pasaulyje, žmogus tęsia savo dvasinį vystymąsi „įsčiose". Šis vystymasis „įsčiose" prasidėjo, kai jo siela nusileido iš visų sielų šaltinio Begalybės pasaulyje, praėjo visas savo pakopas „iš viršaus į apačią", kol žmogus viename iš gyvenimų šiame pasaulyje gimė dvasiškai.

Žmogus užbaigia kūrimą

Tai, kas sukurta Kūrėjo, netobula.

- Kodėl Jo kūrinys nėra baigtas?
- Kaip galime atlikti tai, ko Jis neužbaigė?
- Jeigu esame vienintelis kūrinys, kurį Jis sukūrė, vadinasi, apie mus pasakyta, kad patys turime kurti save?
- Argi galime patys save kurti, taisyti, papildyti, keisti? Juk tam reikia jėgų, didesnių nei mums (neištaisytiems) suteikė mūsų prigimtis?
- Kaip galime sužinoti, ko būtent Kūrėjas mumyse neužbaigė?

Akivaizdu, kad atsakytume į šiuos klausimus, turime žinoti, ką Jis sukūrė. Todėl per pirmąjį užduoties „kurti" etapą žmogus suvokia, kas padaryta Kūrėjo, – savo egoizmą. Ir šis etapas vadinamas blogio įsisąmoninimu, pažintimi su savimi, su vieninteliu kūriniu.

Kūrėjui nereikia jokio kūrinio darbo. Tačiau sukūrė kūrinį specialiai neužbaigtą tam, kad suteiktų žmogui galimybę užbaigti save.

Kūrėjas turėjo suteikti žmogui tam tikrą darbo dalį kūrime. Jis pats „tarsi" negalėjo jo atlikti be žmogaus.

Ir tai dėl to, kad taisydamasis žmogus įgyja tokias galimybes – *kėlim*, siekius, norus, kurių Kūrėjas jame iš pat pradžių sukurti negalėjo. Ir todėl viskas, ką galėjo padaryti Kūrėjas, – padarė Pats, o tą būtiną darbą, kurį gali atlikti tik kūrinys – žmogus, buvo priverstas palikti žmogui.

Tai liudija būtent Jo tobulumą, nes sugebėjo sukurti tokį netobulą kūrinį kartu suteikdamas jam galimybę pačiam pasiekti tobulumą.

Tačiau mūsų pasaulyje žmogus, stebėdamas Kūrėjo veiksmus aplink save ir savyje, sprendžia apie juos kaip apie netobulus.

Tai dėl to, kad nemato kūrimo pabaigos, kai atsiskleidžia visas tobulumas – ir tai, ką sukūrė Kūrėjas, ir tai, ką užbaigia žmogus. Taip, nežinant galutinės būsenos, neįmanoma spręsti apie tarpines, kaip pavyzdyje su atvykusiu į mūsų pasaulį ateiviu, kuris manė, kad atvestas jautukas taps Napoleonu, o kūdikis liks toks pat silpnas.

Visos neigiamos savybės, kurias matome aplinkui ir savo viduje, ir yra būtent tai, ką sukūrė Kūrėjas, nes be egoizmo daugiau nieko nesukurta.

Tačiau sukūręs egoizmą (mus), paliko jį mums ištaisyti. Ir tai padarė specialiai, nes tik savo darbu galėsime pasiekti Jo lygį – Kūrėjo lygį.

O visa kita – tai automatinės sistemos, panašiai kaip, tarkim, virškinimo sistema. Bet kūrimo dalis, kuri palikta pačiam žmogui, niekaip negali būti užbaigta Kūrėjo.

Ir būtent tai, kad Jis sukūrė visą pasaulių sistemą, apribojęs Savo dalyvavimą joje taisymo pabaigoje, kalba apie Jo tobulumą.

Mes nesuprantame, kad aukštesniajam daug sunkiau apriboti savo veiksmus, liautis davus, nes atidavimas – tai Jo prigimtis.

Mums lengva imti ir gauti, mes nesugebame atiduoti. Tačiau tam, kuris atiduoda, neatiduoti – kur kas sunkiau.

Mūsų pasaulyje tai galima palyginti su motinos, kuri dėl nuo jos nepriklausančių priežasčių neaprūpina vaiko pačiais būtiniausiais gyvenimui dalykais, būsena. Tokia Kūrėjo būsena vadinama *„šchinos* kančia".

Mes turime suprasti, kad Kūrėjas apribojo savo buvimą ne dėl savo „geros valios", o todėl, kad nori duoti mums galimybę pasiekti Jo pakopą. Ir į viską, kas neigiama, reikia žiūrėti atsižvelgiant į tai, o ne kritikuoti ir niekinti.

Būtina suprasti, kad viskas, kas neigiama, sukurta tyčia ir su dar didesnėmis pastangomis nei tai, kas teigiama, ir šitai sukurta, kad mes tiesiogiai dalyvautume kūrime.

Kadangi Kūrėjo noras – suteikti kūriniams malonumą, tai Jo buvimo apribojimas, savęs slėpimas, o dėl to ir kančių sukūrimas yra priešinga Jo savybėms.

Kūrėjo pateisinimas

Kodėl teisuoliai vadinami teisiais? Nes jie sutinka su šviesos sutraukimu, Kūrėjo nebuvimu, t. y. su galimybe dirbti tą kūrimo darbą, kurį Kūrėjas paliko jiems ir kurį jie turi užbaigti iki galo, iki tobulumo. Ir tuo jie pateisina kūrimo „neužbaigtumą".

Būtent dalyvaudamas kūrime žmogus džiugina Kūrėją tuo, ką Jis sukūrė.

Ką daro žmogus kūrime? Jis prilygina save Kūrėjui. Ką reiškia Kūrėjas? Mažą, vos aukštesnę už mane dvasinę pakopą aš jaučiu (jei jaučiu) kaip Kūrėją. Kadangi ji iš tiesų mane sukūrė ir visą laiką valdo mane, iš jos aš gaunu viską, kas yra manyje ir kas vyksta su manimi. Todėl aukštesnė pakopa visada vadinama Kūrėju žemesnės pakopos atžvilgiu.

Kai tik žmogus pasiekia tą aukštesnę pakopą, prilygdamas savo Kūrėjui, aukštesnė pakopa iškart pajaučiama kaip Kūrėjas. Tokiu būdu žmogus kildamas vis labiau atskleidžia Kūrėją.

Ką reiškia pakilti iš vienos pakopos į kitą? Tai reiškia, kad atsidūriau toje pakopoje, kuri anksčiau, mano ankstesnėje būsenoje, buvo ta, kurią aš vadinau savo Kūrėju. O dabar aš susilyginau su Juo.

Kūrėjas visą laiką atskleidžia mums Save aukštesnėje pakopoje kaip pavyzdį ir reikalauja, kad Juo sektume, kurtume save pagal Jo „paveikslą ir panašumą".

Žmogui duota pajausti ir įsisąmoninti antrą, neužbaigtą kūrimo pusę, kurią vadiname žmogaus užuomazgos atsiradimu *(ibur)*, vystymusi, gimimu, kilimu, augimu. Kūrėjas „veda" žmogų per šiuos įsisąmoninimus.

Kūrėjas vieną kūrimo pusę pateikia kaip pavyzdį, o antrąją – kaip žmogaus kelią, darydamas jį savo partneriu, suteikdamas jam galimybę pačiam iš pačios žemiausios būsenos prilyginti save Kūrėjui.

Tada žmogus vienu metu jaučia du poveikius – asmeninį ir bendrą valdymą, vadinamą *AVAJA – ELOKIM:* viena vertus, žmogui atrodo, kad viskas, ką paliko Kūrėjas, žmogus turi atlikti pats, kita vertus, jis mato, kaip Kūrėjas veikia per jį.

Šių dviejų kuriančių jėgų suvokimas – savo ir Kūrėjo, veikiančio per žmogų, žmogaus ir Kūrėjo susiliejimas – ir yra aukščiausio malonumo ir tobulumo pojūtis.

Žmogus *(AVAJA)* jaučia, kad susilieja su aukščiausiuoju valdymu *(ELOKIM).* Kiekvienoje pakopoje *malchut* susijungia su *bina.* Ir dingsta žmogaus klausimas: „Kas valdo – aš ar Kūrėjas", nes šiame taške dėl tarpusavio susiliejimo išnyksta „aš ir Jis".

Mokytojo vieta

Kokia Mokytojo vieta šiame procese, vykstančiame veikiant Kūrėjo jėgai ir Jam valdant? Visos Mokytojo pastangos – nepririšant mokinių prie savęs, padaryti juos savarankiškus, kad jokiais būdais nežiūrėtų į jį, o per jį žiūrėtų į Kūrėją.

Mokinys turi mokytis būti panašus ne į Mokytoją, bet į Kūrėją. Toks mokinys vadinamas *talmid-chacham. Cha-*

cham – vadinamas Kūrėjas, nes Jis yra šviesos *chochma* šaltinis. O *talmid* – mokinys, kuris mokosi priimti šią šviesą *chochma* ir tokiu pačiu būdu ją atiduoti. Ir vadinamas *talmid-chacham*, nes iš Kūrėjo mokosi būti panašus į Jį.

Kūrėjas gauna didelį malonumą dėl to, kad Jo kūriniai kuria ir atnaujina kūrinį kaip Jis. O visa mūsų atsinaujinimo ir vystymosi jėga įgyjama pakilimo pakopose kaip vis didesnis Kūrėjo mėgdžiojimas.

Kiek mūsų savybės ir veiksmai prilygsta Kūrėjui, tiek suteikiame Jam malonumo.

Kaip šiame pasaulyje mums vystantis suvokimas ir pažanga galiausiai priklauso nuo gamtos mėgdžiojimo, taip ir mūsų dvasinė raida priklauso nuo dvasinės prigimties arba Kūrėjo mėgdžiojimo. Apskritai nėra jokio skirtumo tarp šių mėgdžiojimų.

Dalį mūsų prigimties, mūsų savybių, Kūrėjas sukūrė taip, kad jos veikia automatiškai. O dalis mūsų prigimties sukurta vien mumyse tokia, kad sąmoningai galėtume visiškai prilygti gamtai – Kūrėjui.

Ši galimybė yra suteikiama tiems, kuriuos Kūrėjas nori priartinti prie savęs. Nes Jo mėgdžiojimas reiškia suartėjimą su Juo. Ir tokia galimybė suteikiama priklausomai nuo žmogaus pastangų.

Mes sakėme, kad egzistavimas ir egzistavimo aprūpinimas prieštarauja vienas kitam. Egzistavimas duotas iš aukščiau, ir mums tai – natūralūs gamtos dėsniai.

Tačiau egzistavimas aprūpinamas priklausomai nuo mūsų veiksmų. Todėl mūsų tikslas – suderinti egzistavimą ir egzistavimo aprūpinimą, kad valdymas, vadinamas „egzistavimo aprūpinimu", taptų toks pats kaip valdymas, vadinamas „egzistavimu".

Ir tada pamatysime, kaip visur (ir egzistavime, ir jo aprūpinime) veikia vienas ir vienintelis Kūrėjas, per mus atlikdamas visus ištaisymus mumyse ir sukuriantis nuostabų pojūtį, kad tai atliekame patys.

Judėjimas – gyvenimo požymis

Mus supančią gamtą skirstome į 4 rūšis: negyvąją, augalinę, gyvūninę, žmogų. Tokio dalijimo pagrindas – savybės, kiekvienos rūšies išsivystymo laipsnis.

Pagal dvasinio gyvenimo požymį visa kūrinija skirstoma į du tipus: pirmasis apima „negyvąjį", „augalinį" ir „gyvūninį", o antrasis – „kalbantysis", mūsų vadinamas „žmogumi". Pirmasis tipas laikomas visiškai negyvu, ir tik antrasis vadinamas gyvu.

Toliau žodžius „gyvenimas", „judėjimas" vartosime tik kaip dvasines sąvokas, nors natūralu, kad yra tiesioginės analogijos su materialaus pasaulio sampratomis!

Taigi dvasinio gyvenimo požymis – tai jėga, gebėjimas dvasiškai judėti ir tai iš pat pradžių vyksta dėl dviejų visiškai priešingų veiksmų: dvasinio susitraukimo ir dvasinio išsiplėtimo.

Tačiau ir „kalbantysis", kuris laikomas dvasiškai gyvu, gimsta dvasiškai negyvas, kol pastūmėjimais nepažadinamas dvasiniam gyvenimui.

Nors jo *kėlim* yra išsivystę, pasirengę dvasinam gyvenimui ir judėjimui dėl vystymosi dvasinės motinos įsčiose, gimimo dvasiniame pasaulyje akimirką dvasinė aplinka, kuri jam yra visiškai nepažįstama, veikia „dvasiškai šaldančiai", todėl kyla išorinio „gaivinimo" būtinybė.

Susitraukimas ir išsiplėtimas

Ir šis aukštesniojo pasaulio poveikis sukelia susitraukimą dvasinio pasaulio naujagimiui. Kitais žodžiais tariant, per visas savo vystymosi stadijas (negyvasis, augalinis, gyvūninis lygmenys), kurios laikomos dvasiškai negyvomis, žmogus pagaliau pasiekia tokį momentą, kai jau yra subrendęs gimti aukštesniajame pasaulyje.

Tačiau, nors dėl ankstesnio vystymosi paruoštos visos savybės, jis gimsta negyvas. Kadangi pirmasis dvasinio pasaulio pajautimas „atšaldo" jį ir sukelia susitraukimą.

Todėl atsiranda išorinio dvasinio poveikio būtinybė: naujai gimęs aukštesniajame pasaulyje žmogus atgyja, prabunda dvasiniam gyvenimui gaudamas smūgius.

O po šio pirmojo dvasinio susitraukimo, kurį sukėlė šaldantis dabar jį supančios dvasinės aplinkos smūgis, dvasiškai gimusysis privalo pats dvasiškai išsiplėsti iki savo ankstesnės būsenos – įgyti ankstesnes dvasines savybes, nepaisant šaldančio dvasinio pasaulio poveikio.

Iš šie du visiškai priešingi veiksmai (dvasinis susitraukimas ir išsiplėtimas) kartu vadinami pirmuoju žingsniu, dvasinio gyvenimo atsikvėpimu.

Dvasinis susitraukimas gimstant dvasiniame pasaulyje vyksta nepriklausomai nuo žmogaus valios, automatiškai. Po to jėga, sąmoninga pastanga žmogus turi dvasiškai save išplėsti.

Tačiau kartais dvasiškai gimstant pasireiškia silpnumas, dėl ko gimęs žmogus yra dvasiškai silpnas dvasiniame pasaulyje. Tokiu atveju supanti dvasinė aplinka dėl šio silpnumo negali sukelti jame dvasinio susitraukimo.

O jis būtinas tam, kad sukurtų naujagimyje dvasiškai tuščią vietą – norą. Po to ši vieta gali būti užpildyta dvasinio gyvenimo šviesa.

Tačiau dėl silpnumo dvasiškai gimstant, dvasinio susitraukimo nebuvimas nesukuria žmoguje dvasiškai tuščios vietos, kad ta vieta būtų užpildyta dvasiniu gyvenimu, ir todėl žmogus laikomas gimusiu dvasiškai negyvu.

Kitaip tariant, naujagimis miršta. Jis netenka galimybės sukurti (dėl nuoseklių susitraukimų ir išsiplėtimų) vietos, kur galėtų įeiti gyvybė.

Jos pradžia kaip tik ir yra susitraukimas. O jeigu nėra dvasinio (vidinio) susitraukimo, tai po to, aišku, nėra ir dvasinio išsiplėtimo. Nes jokiais būdais neįmanoma išplėsti savo dvasinių ribų.

Kadangi nėra susitraukimo ir galimybės išsiplėsti už dvasinių apribojimų, nėra galimybės dvasiškai judėti, vadinasi, nėra ir dvasinio gyvenimo.

Jėga – pasirengimas atlikti susitraukimą

Pasirengimo dvasiniam gyvenimui, Kūrėjo šviesos gavimui požymis – tai žmogaus turima jėga atlikti nors menką dvasinį susitraukimą.

Kai tik žmogus atlieka dvasinį susitraukimą, sutraukia savo egoizmą, į sutrauktą dvasinę vietą iškart įeina Kūrėjo šviesa, gyvybės šviesa, ir atlieka dvasinį išplėtimą. Tai – pirmasis dvasinis judesys. Nuo tos akimirkos žmogus laikomas dvasiškai gyvu ir gebančiu toliau dvasiškai tobulėti.

Pirmasis dvasinis judėjimas „į save", susitraukimas, o po to vykstantis dvasinis išsiplėtimas iki ankstesnio dydžio vadinamas „siela". Tai panašu į gyvybės oro iškvėpimo ir įkvėpimo procesą.

Dvasiškai negyvo, augalinio ar gyvūninio lygmens žmogus neturi jėgų atlikti nė menkiausio vidinio dvasinio susitraukimo, ir todėl dvasinio gyvenimo šviesa negali į jį įsivilkti, kad sukeltų dvasinį išsiplėtimą.

Kitaip tariant, tas, kuris negali atlikti dvasinio, vidinio susitraukimo, negalės dvasiškai išsiplėsti ir gauti dvasinio gyvenimo šviesos. Ir tai – gamtos dėsnis.

Todėl dvasiškai negyvo, augalinio ar gyvūninio lygmens žmogus yra dvasiškai negyvas, o lygmens „kalbantysis" (dvasiškai priklausantis tipui „žmogus") yra tinkamas dvasiniam gyvenimui. Bet gimsta negyvas. Kadangi reikia kažko, kas sukelia pirmąjį dvasinį susitraukimą, kurio žmogus savarankiškai atlikti nesugeba.

Tą dvasiškai šaltą orą, kuriam veikiant įvyksta susitraukimas, žmogus gauna studijuodamas kabalą ir dirbdamas „gerus" darbus.

Kitaip tariant, be kryptingo mokymosi iš ypatingų autentiškų šaltinių, kai žmogus supranta mokymosi tikslą (dėl ko jis mokosi), supranta, ką dėl to tikslo pasirinko savo Mokytoju, – neįmanoma pasiekti vidinio susitraukimo.

Gyvybės šviesa, dvasinio pasaulio įsisąmoninimas ir jautimas užpildo tą erdvę, kuri atsirado, kai žmogus sugebėjo sutraukti save, savo egoizmą.

Tai vyksta dėl *akarat ra* – blogio įsisąmoninimo, kuris skatina žmogų dirbti su savimi (tai vadinama „gerais darbais"), atskleidžiant savo tikrąjį „aš".

Artėjimas prie dvasinio pasaulio, dar neaiškus Kūrėjo jautimas – tai gyvybės užgimimas žmoguje. O visa kita – negyva, nes tai egoistiška.

Susitraukimo rūšys

Dvasinis susispaudimas, gebėjimas viduje susitraukti, turi kilti iš vidinių žmogaus jėgų.

Ką reiškia „susitraukti"? Žmogus – vienintelis kūrinys. Visa, kas sukurta, – vien noras mėgautis Kūrėjo šviesa. Todėl žmogus – tai noras, nors iš pradžių net neįsisąmonintas, mėgautis Kūrėjo šviesa.

Mūsų smegenys skirtos tik tam, kad padėtų realizuoti šį norą. Vadinasi, kai kalbame apie dvasinį susitraukimą, kalbame apie norų sutraukimą.

Jei studijuodamas kabalą žmogus sugebės tai atlikti, atlaisvintą vietą pripildys gyvybės šviesa. Ir tokia vieta vadinama „siela".

Susitraukimas turi būti atliktas paties žmogaus jėgomis, jo veiksmais, nes prigimtis visada verčia plėstis, o ne susitraukti.

Yra dvi susitraukimo rūšys:

1) Dėl išorinių veiksnių, pavyzdžiui, dėl atšalimo. Jeigu dvasinio pasaulio naujagimis spaudžiamas, kad būtų sukeltas jo dvasinio kūno susitraukimas, tai jo kūnas pats siekia grįžti į pirminę dvasinę būseną. Ir sugrįžta į ankstesnę būseną veikiant ne gyvybės šviesai, o dvasinio kūno, trokštančio išsiplėsti iki savo ribų, prigimčiai.

Ir todėl, vos atsiradus kokiai nors išorinei spaudžiančiai jėgai, iškart dvasiniame kūne (*kli*) pasireiškia jo jėga, grąžinanti ankstesnę dvasinę formą. Taip atitolstama nuo teigiamos išorinės stumiančios jėgos.

2) Dėl paties *kli* struktūros. Jeigu susitraukimas vyksta dėl priežasties, esančios pačiame dvasiniame kūne (*kli*), dėl jo savybių ir struktūros, tai jis neturi jėgų grįžti į savo ankstesnę dvasinę būseną, į pirmines ribas.

Ir tokiu atveju žmogui reikia Kūrėjo pagalbos, kad ypatinga, būtent jam siųsta šviesa įeitų į šį *kli* ir sugrąžintų jo pirminę formą. Ir ta papildoma šviesa, įeinanti į *kli* po eilinio susitraukimo ir grąžinanti jį į ankstesnę formą, vadinama GYVENIMU.

Jeigu dvasinis vaisius spaudžiamas, jam primetamos elgesio taisyklės, dėsniai ir veiksmai, jeigu norima užgožti žmogaus „aš" – prigimtis viską sugrąžina į savo vietas, sugrįžta ankstesni norai. Nes instinktyviai siekiama išsiplėsti iki savo natūralaus dydžio, susigrąžinti visas buvusias savybes.

Jokia savybė, jeigu ji yra nuslopinta, sumažinta išorinės jėgos, o ne vidinio žmogaus noro, neišsitaiso.

Šia išorine prievarta ir remiasi etikos *(musar)* sistema, todėl ji ir neigiama kabaloje. Jeigu kažkas iš išorės riboja žmogų – tai nepadeda. Žmogus turi apriboti save pats, iš vidaus.

Tam būtina praeiti etapą *akarat ra* – pažinti blogį savyje, įsisąmoninti jį kaip blogį, ir priklausomai nuo to įsisąmoninimo susitraukimas kyla savaime iš žmogaus vidaus.

Perskaityti knygoje – dar nereiškia pamatyti savyje to, kas parašyta. Ir tik tada, kai žmogus be žodžių pats sau visa tai pasakys, ir bus pirmasis jo susitraukimas.

Susispaudimas gali įvykti veikiant tokiems išorės veiksniams, kaip visuomenė, jos priimtos tradicijos, priverstiniai arba anksčiau išmokti, bet nevirtę jo prigimtimi papročiai. Juk įpročiai, įskiepyti religinio auklėjimo, tampa natūralūs, automatiškai vykdomi. Tokiu atveju žmogus nededa jokių pastangų. Tai tampa jo prigimtimi.

Neįsisąmoninus blogio savyje, veikiant tik išoriniams veiksniams, susitraukimas nelaikomas išeinančiu iš žmogaus, ir kūnas (norai) nuolat siekia sugrįžti į ankstesnę būseną, panaikinti apribojimus, kuriuos žmogus buvo priverstas priimti dėl išorinio spaudimo.

Mūsų mažas, trokštantis pripildyti vien save egoizmas neturi jokių jėgų, kad savarankiškai įsisąmonintų susitraukimo būtinybę.

Mokymasis suteikia jėgų

Tačiau šito žmogus pradeda siekti veikiant išorinei jėgai – teisingoms kabalos studijoms. Jeigu jis tam pasirengęs, gauna dvasinę jėgą, leidžiančią susitraukti.

Ir jeigu susitraukimas vyksta paties *kli* (žmogaus) noru, o ne spaudžiant išorinėms jėgoms (aplinka, auklėjimas, tradicijos ir t. t.), tai pats dvasinis kūnas nesiekia grįžti į praeitį, nes pats panoro susitraukti, ir todėl nesugrįžtama prie ankstesnių ribų, prie buvusio (iki susitraukimo) egoizmo dydžio.

Ir tik išorinė jėga, dvasinė šviesa išplečia *kli* iki ankstesnių ribų. Kitaip tariant, kiekvieną kartą, kai žmogus viduje atlieka susitraukimą, šviesa jį užpildo, išplečia, skatina grįžti į ankstesnę būseną, bet pakeitus vienas savybes kitomis: vietoj egoistinių savybių, kurias žmogus sutraukė, šviesa išplečia jo altruistines savybes. Ir ši šviesa vadinama gyvenimu.

Taip vyksta dvasinis kvėpavimas: iš pradžių – susitraukimas. Juk ir mes negalime įkvėpti, jeigu plaučiai pilni oro. O paskui veikiant Kūrėjo šviesai – išsiplėtimas.

Todėl sakoma: „Įsileiskite Mane į save...", „Atverkite Man vartus...", t. y. skirkite Man vietos savo egoizme, kurią Aš galėčiau užpildyti. Tai ir yra laipsniškas išsitaisymas, kurį žmogus turi atlikti.

Gyvenimo esmė

Gyvenimo įsisąmoninimas – tai savęs įsisąmoninimas ir jis priklauso tik nuo susitraukimo, nes nė vienas kūrinys negali peržengti ribų, kuriose yra sukurtas. Ir tol, kol pašalinė jėga nesukelia kūrinio (žmogaus) susitraukimo, jis laikomas negyvu.

Ir tik po to, kai pats geba atlikti susitraukimą, laikomas dvasiškai gimusiu, gyva būtybe. Bet kaip dar netapęs gyvu kūrinys pats gali susitraukti?

Tai įmanoma, tik gavus jėgų ir norų iš aukščiau, dėl ko reikalingas didelis vidinis darbas, kurį galima atlikti, tik gaunant šiuos norus ir jėgas iš studijuojamų kartu su Mokytoju autentiškų šaltinių.

Nė vienas kūrinys negali peržengti ribų (norų), su kuriais yra sukurtas. Kodėl mes vis dėlto turime galimybę susitraukti? Tai jokiu būdu nekyla iš mūsų pačių. Egoizme negali būti tokio prigimčiai priešingo noro. Tačiau mumyse tai sukurta.

Altruistiniai norai ypatingu dvasiniu veiksmu – „sudužimu" buvo jėga įterpti į mūsų egoistinius norus dar iki mums gimstant. Todėl mumyse yra altruistinių norų užuomazga. Šis noras susitraukti duotas mums iš aukščiau.

Bandymas susitraukti – tai prašymas, malda. Jei tik žmogus bando, atsiduoda kažkokiam darbui, šis darbas tampa jam brangus, nes jis įdeda į tai dalį savęs, savo norus, savo jėgas, vertybes, savo smegenis. Ir būtent šią dalį žmogus (kaip egoistas) myli, nes ta dalis – jis pats.

Ir todėl tikroji malda – tai mėginimas kiekvienoje pakopoje atlikti tai, kas neįmanoma. Ir tik dėl šių mėginimų žmogus iš aukščiau gauna jėgų, kad pats atliktų tai, kas neįmanoma.

Michael Laitman
DVASIA IR KŪNAS

www.ingramcontent.com/pod-product-compliance
Lightning Source LLC
Chambersburg PA
CBHW071034080526
44587CB00015B/2618